C. G. Jung

Essai d'exploration de l'inconscient

Traduit de l'allemand
par Laure Deutschmeister
Introduction de Raymond De Becker

Denoël

C. G. Jung a écrit que sa vie était singulièrement pauvre en événements extérieurs. Il s'est senti incapable de raconter quoi que ce soit sur eux, ces événements lui ayant toujours paru manquer de substance. Il assure n'avoir jamais pu se comprendre qu'à la lumière des événements intérieurs. C'est en cela que consiste, selon lui, la singularité de son existence. Ces événements intérieurs se prêtent peu aux notices biographiques et le lecteur désirant les connaître fera bien de se reporter à l'autobiographie que Jung a présentée de lui-même sous le titre *Erinnerungen, Traüme, Gedanken*, dont il n'existe pas encore de traduction française mais dont Routledge et Kegan ont publié une traduction anglaise : *Memories, Dreams, Reflections* (1963).

C'est à Kesswil, dans le canton de Thurgovie, en Suisse, qu'est né Carl Gustav Jung, le 26 juillet 1875. Il s'est qualifié cependant « relativement suisse », cette nationalité de sa famille n'étant vieille que de cent ans. La légende veut que, du côté paternel, Jung descende de Goethe, mais, dans ses *Mémoires*, il a pris envers elle une attitude amusée et sceptique. Ses ancêtres appartenaient tous, depuis des siècles, à un milieu intellectuel et libéral. Quant à son père, il était pasteur et ce fait a certainement marqué son esprit et son œuvre.

Citoyen de Bâle, il fit dans cette ville de brillantes études de médecine, qu'il orienta vers la psychiatrie et compléta à l'étranger, notamment à Paris, où il fut l'élève de Pierre Janet. En 1900, il devint chargé de cours à l'Université de Zurich et, en compagnie de son maître, le professeur Bleuler, initie au Burghölzli les étudiants aux travaux cliniques. Il voyait s'ouvrir alors un avenir professoral particulièrement brillant. Il y renonça toutefois afin de pouvoir se consacrer sans partage à sa clientèle toujours plus nombreuse d'analystes, et aux recherches psychologiques, mythologiques et linguistiques qui le sollicitaient. Plus tard, il accepta à nouveau certaines activités professorales, diverses chaires ayant été créées pour une large part en sa faveur, notamment à l'Ecole polytechnique de Zurich, puis à la faculté de Médecine de l'université de Bâle où, durant la Deuxième Guerre mondiale, il enseignait la psychologie médicale. En 1948, il créa lui-même à Zurich l'Institut qui porte son nom et habilite à l'exercice de l'analyse jungienne. Un Institut analogue fut fondé peu après à Los Angeles, aux Etats-Unis.

Durant les années 1904-1905, il monte à Zurich un laboratoire de psycho-pathologie expérimentale. Il s'y livre à ses expériences célèbres sur les associations et le phénomène psychogalvaniques qui établissent sa réputation mondiale. Entre-temps, il avait pris parti en faveur de Freud, intéressé surtout par les travaux de ce dernier sur l'hystérie et les rêves. L'amitié entre les deux hommes fut telle que Freud envisagea de faire de Jung son successeur. Les doutes de ce dernier sur les théories sexuelles du maître de Vienne, son attitude envers la parapsychologie et la mythologie comparée aboutirent à la rupture.

Dès le début du siècle, Jung multiplia ses publications, dont la liste de notre bibliographie donne une idée. Il s'y trouve une trentaine d'ouvrages et plus de cent commentaires, préfaces, textes divers, etc. Une grande partie de ses travaux comparatifs furent précédés ou accompagnés par des séjours en Afrique du Nord et dans le monde arabe (1920), chez les Indiens Pueblos, au Kenya et en Uganda (1925), en Inde (1938) qui lui permirent de mieux comprendre la psychologie des Primitifs et des civilisations non européennes.

Marié et père de cinq enfants, C. G. Jung s'était retiré dans ses dernières années sur la partie haute du lac de Zurich, à

Bollingen où il avait fait construire une retraite qu'il appela « la Tour » et qu'il avait conçue comme l'expression dans la pierre de sa conception symbolique de l'homme et de la vie. De toutes les parties du monde, on venait l'y visiter ainsi qu'un sage et c'est là qu'il s'éteignit, âgé de quatre-vingt-six ans, en juin 1961. Dans ses *Mémoires*, il a laissé ces ultimes propos : « On dit que je suis sage, mais je ne puis l'accepter... Je suis étonné, désappointé, content de moi ; je suis en détresse, déprimé et ravi ; je suis tout cela à la fois et ne peux en additionner la somme... Il n'y a rien dont je sois sûr. Ce que Lao-Tseu disait : « Tous ont des certitudes, moi seul reste dans l'obscurité », je le ressens dans mon vieil âge. Le monde dans lequel l'homme est né est un monde brutal et cruel, et en même temps d'une divine beauté. La vie a-t-elle un sens ou n'a-t-elle pas de sens ? Probablement — comme pour toute question métaphysique — l'une et l'autre des deux propositions sont vraies. Mais je chéris l'espoir que la vie ait un sens, qu'elle s'impose en face du néant et gagne la bataille. »

INTRODUCTION

Le texte proposé au lecteur sous le titre Essai d'exploration de l'inconscient *est un des plus clairs, des plus simples, des plus synthétiques par lesquels Jung ait exprimé sa pensée. Il est émouvant de savoir qu'il fut sans doute le dernier d'une œuvre immense, qui s'étend sur près de soixante ans et dépasse le chiffre de cent cinquante titres d'importance d'ailleurs inégale. Il fut terminé dix jours avant le début de la maladie qui finit par emporter l'illustre penseur, en juin 1961.*

Dans son édition originale, ce texte faisait partie d'un ensemble intitulé L'homme et ses symboles, *ensemble supervisé par Jung mais constituant un travail d'équipe auquel avaient participé quelques-uns de ses plus proches collaborateurs : Joseph L. Henderson, Marie-Louise von Frant, Aniéla Jaffé et Yolande Jacobi. L'initiative en revenait à un journaliste britannique, John Freeman, qui, en 1959, avait été chargé par la B.B.C. d'interviewer le* maître de Zurich. A la suite de l'immense succès obtenu sur les écrans de la télévision d'outre-Manche par l'humour, le charme et la modestie de son interlocuteur, Freeman avait tenté de le convaincre d'écrire un texte limité qui pût rendre accessibles au lecteur adulte non spécialisé les principes fondamentaux de sa pensée. Jusque-là, Jung s'était opposé à toute tentative de vulgarisation et, après un refus initial, il finit par y consentir grâce à un rêve en lequel il ne parlait plus, assis dans son bureau, face aux médecins ou aux psychiatres venus du monde entier mais le faisait à une foule l'écoutant avec attention et comprenant ce qu'il disait...

Cette histoire, savoureuse et insolite, illustre l'attitude générale de C. G. Jung envers l'inconscient et l'importance qu'il accorde aux rêves dans la conduite quotidienne de la vie. Mais n'anticipons pas, sinon pour souligner que pareille anecdote montre à quel point cette attitude est moins celle d'un médecin que d'un sage, ou d'un philosophe, ainsi qu'on voudra l'appeler et se propose, non de nettoyer ces « écuries d'Augias » que le freudisme nous apprit à voir dans l'inconscient, mais à en utiliser les contenus pour l'enrichissement de la vie et l'accomplissement de la personnalité. En ce sens, Jung est bien autre chose que ce que trop de gens imaginent : une sorte de disciple plus ou moins hérétique de Freud, un satellite dont l'œuvre ne pourrait être envisagée qu'en fonction de celle du maître de Vienne et ne pourrait lui être comparée ni quant à l'ampleur ni quant à l'importance historique.

L'édition française est, pour une part, responsable de ce malentendu. Il ne s'est jamais trouvé à Paris un éditeur possédant le courage — ou les moyens — indispensables à la publication des œuvres complètes d'un auteur dont je suis persuadé qu'on s'apercevra avec le temps qu'il compte parmi les plus profonds et les plus vastes de l'Occident. Encore aujourd'hui, il n'existe pas en France d'entreprise analogue à celles qu'ont menées les éditions allemande et anglaise. Malgré l'effort considérable du Dr Roland Cahen, qui dirige la traduction française des livres de Jung, il est toujours impossible de se faire une idée exacte de la monumentalité de cette œuvre. La difficulté, d'autre part, pour le public français ne résulte pas uniquement du fait qu'un tiers à peine de l'œuvre jungienne a été traduit. Elle n'est pas seulement quantitative. Elle est qualitative, dans la mesure où la plupart des ouvrages traduits — et je fais exception pour des textes tels que Métamorphoses de l'âme et ses symboles ou Types psychologiques — constituent des exposés généraux qui, en réalité, ne sont que des conclusions de recherches patientes et méticuleuses inconnues du public. De là on en est venu à considérer Jung plus comme un philosophe ou un mystique qu'à la manière d'un savant ou d'un scientifique. Tout simplement, on ignore la démarche qui le mena à ses conclusions, on s'étonne des fleurs et des fruits sans connaître les racines et la tige qui en firent ce qu'ils sont.

Une autre difficulté tient à ce que Jung a signalé lui-même comme une particularité de l'esprit français. Les exposés dont je viens de parler n'ont rien, en effet, qui réponde à l'attente habituelle de cet esprit. Celui-ci exige généralement de ses auteurs des théories d'une logique satisfaisante, ainsi que Freud n'a pas manqué d'en présenter jusque sur le plan psychologique. Mais Jung se qualifie un empirique et rien n'est moins fréquent chez lui que les extrapolations audacieuses, les exposés systématiques ou dogmatiques qu'à partir de données expérimentales souvent fort minces ou de théories anthropologiques contestées, Freud, et plus encore ses disciples, ne cessèrent d'élaborer brillamment. Jung n'a rien d'un artificier et, si on l'aborde, il faut consentir à une certaine lourdeur, germanique et helvétique, mais qui, si on ne la refuse pas a priori, finit par communiquer un profond sentiment d'honnêteté et de sécurité. Je ne crois pas d'ailleurs que cette lourdeur tienne seulement à des particularités ethniques. Elle résulte encore d'une prudence délibérée devant l'extraordinaire complexité des faits psychologiques, d'un sentiment d'humilité devant les zones d'ombre qui demeurent à explorer dans l'âme. De là une démarche d'apparence tâtonnante, sinon tatillonne, pleine d'aller et retour et qui, tout au long d'une quête de soixante années, s'enrichit, s'approfondit, sans toujours conclure mais toujours en ouvrant des voies nouvelles de réflexion et de discussion. Il faut voir comment Jung reprend dix ans, vingt ans, quarante ans après l'expérience faite au début de sa carrière, le problème qui l'a préoccupé, le soumet à un nouvel éclairage, tourne autour, le flaire, le soupèse. L'approfondissement d'un cas particulier le passionne davantage que l'élaboration de théories successives, trop prématurées pour être durables. Ce n'est pas qu'il n'élabore, lui aussi, ses théories explicatives, ses hypothèses de travail mais il s'attache à n'en utiliser que le moins possible, à conserver à l'esprit sa nature d'instrument et s'il existe une théorie entraînant sa préférence, c'est celle de la conditionnalité psychique de toutes les théories, de toutes les philosophies et de toutes les métaphysiques. Cette conditionnalité, il en a exposé des aspects essentiels dans ses Types psychologiques de même qu'elle lui a permis de rencontrer les physiciens dont la science, autrefois réputée exacte, a dû inclure la personne de l'observateur et substituer au déterminisme des anciennes lois causales des lois statistiques qui ne sont plus que des lois de probabilité.

Cette attitude de Jung montre à quel point il se situe dans un univers différent de celui de Freud. Le mérite historique de celui-ci fut de réhabiliter la science des rêves dans une tradition qui l'avait toujours méprisée, sinon condamnée. Il fut encore, grâce à la redécouverte de cette « voie royale » vers l'inconscient, de mettre en valeur les contenus sexuels à l'origine de beaucoup de névroses. Cette tâche avait une signification dépassant le cabinet médical et les malades s'y pressant dans la Vienne de 1900. Dans une civilisation dont la dévalorisation de la sexualité avait été le signe mais dont les héritiers se trouvaient toujours plus mal à l'aise dans les structures morales d'un Moyen Age qui en avait tenté la répression et la sublimation au nom d'idéaux religieux ébranlés depuis par le doute, la névrose des individus devenait symbole de névrose collective, leur maladie une maladie de civilisation. En ce sens, la thérapeutique freudienne acquérait une valeur collective ; en réhabilitant la sexualité, elle permettait à l'Occidental de reprendre contact avec ses profondeurs instinctives, de redécouvrir les voies de la santé et de l'équilibre. Jung fut extrêmement sensible à cette révolution de Freud et la salua avec enthousiasme. De son côté, Freud fut ébloui par ce jeune psychiatre qui lui ouvrait les portes d'un des hauts lieux de la science européenne, le célèbre Burghölzli où exerçait le Pr Bleuler, dont Jung était alors l'assistant et où affluaient les étudiants de toutes nationalités. Il fut impressionné par l'ampleur et la puissance d'un esprit qui contrastait avec la médiocrité des premiers adhérents du mouvement psychanalytique. Il crut trouver en lui le garant scientifique de sa cause, l'appoint de l'expérience de laboratoire qui lui manquait et que l'école de Bleuler avait fait *porter surtout sur la méthode des associations et la détection des complexes. Cependant, la brouille ne devait pas tarder entre les deux hommes, Jung reprochant à Freud son manque de rigueur scientifique et voyant en ses théories de la sexualité des extrapolations illégitimes et prématurées d'observations incomplètes et insuffisantes.*

Dans les pages qui suivent, Jung explique certaines des raisons qui l'amenèrent à se séparer de Freud mais il en existe d'autres dont nous n'aurons sans doute pleine connaissance que le jour où seront publiées les huit cents pages inédites de la Correspondance échangée entre ces deux maîtres de la psychologie. Quoi qu'il en soit, on peut être assuré que Jung fut impressionné par la tragédie dont les premiers disciples de Freud — et précisément les plus intelligents — furent victimes. On sait, en effet, que plusieurs des amis ou élèves du père de la psychanalyse se suicidèrent, tels que Honegger, Otto Gross, Victor Tausk, Ernst von Fleishl tandis que d'autres comme Otto Rank ou Ferenczi sombraient dans la folie. Jung dut établir un rapport entre ces issues dramatiques et une doctrine qui, par ses tendances purement analytiques et réductrices, était de nature à désespérer les esprits qui la prenaient le plus au sérieux. En voulant, au nom d'un conditionnement sexuel généralisé, dénoncer l'illusion de toutes les créations de l'esprit et, particulièrement, de toute démarche religieuse, le freudisme put lui sembler entreprendre un travail de désintégration culturelle que ne justifiaient pas les découvertes réelles de la psychanalyse. Pour Jung, le contenu sexuel des rêves et de l'inconscient n'était que la composante d'un contenu beaucoup plus vaste; l'intention et des nécessités thérapeutiques momentanées l'avaient amené à la lumière sans qu'il soit permis pour autant de l'identifier à la totalité des contenus inconscients. De plus, Jung devait constater chez Freud (qui ne fut jamais psychanalysé) une liquidation incomplète de son complexe paternel et une ignorance troublante des présupposés philosophiques de sa doctrine. Il fut le premier à réclamer (et à obtenir) la psychanalyse des psychanalystes afin que ceux-ci, tant dans leur activité thérapeutique que dans leurs activités théoriques, pussent être suffisamment avertis de leurs propres conditionnements inconscients.

A ce point, et avant de revenir sur l'originalité et la signification de l'œuvre jungienne, il importe de faire écho aux accusations de certains qui, incapables de répondre à la critique du maître de Zurich, préférèrent diminuer sa personne en le taxant d'antisémitisme. Il est vrai que Freud lui-même, dès 1913, et après avoir vu dans l'adhésion de Jung à la psychanalyse une victoire sur « l'antisémitisme refoulé des Suisses » et la possibilité d'empêcher que cette science ne devînt « une affaire nationale juive », prétendit s'éloigner de ce qu'il appela désormais « la psychologie des Aryens ». C'est un Israélite, le Dr Roland Cahen, qui fit justice de ces calomnies. Dans Aspects du drame contemporain, il exposa en détail l'attitude de Jung à l'égard des Juifs, pour quelles raisons celui-ci accepta en 1934 la présidence de la « Société médicale internationale de Psychothérapie » dont le siège se trouvait en Allemagne, comment il sauva ainsi dans ce pays la psychothérapie et ses organisations qui, sinon, eussent été supprimées comme expressions d'une « science juive ». Jung parvint ainsi à maintenir la psychothérapie allemande en rapport avec l'étranger et à permettre aux médecins israélites, destitués dans le Reich, d'être accueillis dans la Société internationale qu'il présidait. En mai 1934, à Bad Nauheim, il put rendre à la tribune du Congrès de cette société un hommage public à Freud tandis que la même année il publiait dans Réalité de l'âme une longue étude d'un de ses élèves israélites, Hugo Rosenthal, consacrée à la psychologie de l'Ancien Testament. L'œuvre jungienne finit d'ailleurs par être interdite en Allemagne, brûlée et mise au pilon dans les pays occupés et, à Paris, par figurer, à côté de celle de Freud, sur la fameuse liste « Otto ».

Allons au fond de ces rumeurs qui, pour un psychologue, ne peuvent être dépourvues de sens. Si Jung fut de quelque façon fasciné par le national-socialisme, ce dut être en partie en raison de son attitude doctrinale et de ses découvertes. Car celles-ci avaient mis l'accent sur l'existence d'un inconscient collectif *distinct de l'inconscient individuel à l'exploration duquel Freud s'était principalement consacré. Or, le national-socialisme constituait une sorte d'explosion de cet inconscient collectif, tel qu'il existe dans l'âme germanique. Jung ne croit pas que les forces souterraines qui s'y manifestent soient par elles-mêmes bonnes ou mauvaises. Elles constituent des puissances ambivalentes en lesquelles le meilleur et le pire sont également contenus. De sorte que lorsque se produit dans un peuple une de ces épidémies psychiques attestant de pareilles explosions, le devoir thérapeutique est de renforcer la conscience et les composantes normales de la personnalité, afin que demeure une instance capable d'attraper au bond les contenus de l'inconscient et d'empêcher qu'ils ne submergent tout ce que la conscience a élaboré. En fait, l'épidémie nationale-socialiste finit par submerger toute l'Allemagne et la faire sombrer dans le délire criminel que l'on sait. Mais, de même que sur le plan individuel le médecin connaît des échecs sans pour autant que ceux-ci le déshonorent, il est naturel que la psychothérapie en connaisse davantage sur le plan collectif, où elle est moins encore outillée pour agir. Mais il faut lire des études comme* Wotan, *publiée en 1936, pour voir à quel point les investigations de Jung dans l'inconscient collectif allemand furent prophétiques. Il faut lire* Un mythe moderne, *consacré curieusement aux soucoupes volantes comme expression de l'inconscient collectif chez l'Occidental d'aujourd'hui, pour pressentir les transformations révolutionnaires dont elles lui paraissent le symptôme et dont les deux dernières guerres mondiales n'auront été que les sanglants préludes. Bref, l'existence de l'inconscient collectif devait sans cesse placer Jung dans la nécessité d'être attentif à ses productions les plus aberrantes, afin d'indiquer la voie thérapeutique capable de les utiliser à des fins de progrès et de liberté plutôt que de les abandonner aux périls d'une personnalité dissociée.*

Qu'en pareilles perspectives, on se trouve dans l'obligation de reconnaître l'existence d'une psyché « aryenne » distincte de la psyché « juive », ou de la psyché chinoise, la chose est d'un bon sens si élémentaire qu'on s'étonne qu'elle ait pu donner matière à polémiques. L'important est ailleurs : Freud ne parut jamais raisonner en dehors de sa propre tradition, lors même qu'il la contredisait ou s'en désolait ainsi qu'on le voit dans l'ouvrage dramatique qu'il publia à la fin de sa vie sous le titre Moïse et le monothéisme ; *son seul effort pour sortir de cette tradition et qu'il exprima dans* Totem et Tabou *se fonda sur des hypothèses anthropologiques offrant des peuples dit primitifs une image fausse et aujourd'hui abandonnée. Par contre, Jung entreprit d'immenses recherches, non seulement à l'intérieur de la tradition judéo-chrétienne qu'il se garda bien de croire universelle,*

mais dans l'inconscient germanique et « aryen »
qui la précéda, dans la tradition gréco-latine, chez
les peuples primitifs, dont il tenta de revaloriser le
mode de penser « archaïque » ainsi que dans les
traditions orientales, spécialement hindoue, chinoise et tibétaine. Ses grandes études sur l'alchimie
médiévale ainsi que ses commentaires sur des ouvrages aussi éloignés de nos modes de penser que
le Yi-King (*Livre chinois des Mutations*) ou le Livre
des Morts *tibétain témoignent de l'immense matériel comparatif qu'il a brassé et qui font de sa
psychologie la première démarche authentique de
la pensée occidentale vers une universalité non
illusoire et résultant de la considération fraternelle
de modes d'approche distincts du réel.

Ces investigations, entreprises parallèlement à
l'étude du matériel inconscient fourni par ses patients, permirent à Jung de découvrir dans l'inconscient collectif des diverses traditions des symboles universels, qu'il désigna du nom d'archétypes
et dont la fonction peut être dite transcendante
dans la mesure où on la trouve sans cesse à l'origine des grandes transformations religieuses et
culturelles. Une des voies de recherche les plus
fécondes à ce propos est la correspondance entre
les archétypes et les intuitions fondamentales de la
science, dans les domaines physique et mathématique. Les premiers travaux entrepris par lui en
collaboration avec le célèbre physicien Pauli tendent à lier psychologie et physique comme deux

modes d'approche, l'un quantitatif, l'autre qualita-
tif, d'une réalité unique dont matière et psyché ne
sont plus qu'aspects complémentaires. L'action
créatrice continue des archétypes autant que leurs
modes de manifestations qui échappent souvent à
nos explications causales amenèrent Jung à élaborer une théorie de la synchronicité. De nombreux
événements « significatifs » — coïncidences sensées,
perceptions extra-sensorielles, etc. — mais irreceva-
bles dans nos catégories espace-temps-causalité
trouvent par cette théorie, sinon un principe d'explication, du moins une classification permettant
de mieux appréhender la nature du Réel et de
nous convaincre de la portée strictement utilitaire
de l'univers spatio-temporel dans lequel nous
croyons être enfermés.

On imagine les conséquences décisives qu'eurent
de telles observations et de telles voies de recherches sur l'attitude de Jung envers la religion. Il
suffit de comparer son livre Psychologie et religion
(ou encore sa Réponse à Job) à celui de Freud
L'avenir d'une illusion *pour mesurer la distance*
séparant les deux hommes. Tandis que Freud
considère la religion comme un phénomène névrotique appelé à disparaître avec la connaissance de
ses causes qui, bien entendu, sont sexuelles, Jung
va jusqu'à dire que nous avons besoin de ces sortes
d'« illusions », car ce que Freud appelle ainsi n'est
qu'une réalité psychique aussi indispensable à
l'âme que le pain l'est au corps. Pour lui, la fonc-

tion religieuse est aussi naturelle, aussi innée, aussi fondamentale que l'instinct sexuel. Elle n'en constitue ni un refoulement ni une sublimation. Mais Jung se garde d'identifier cette fonction à quelque croyance confessionnelle. Il la trouve plutôt à l'origine de toutes les croyances, qui n'en sont qu'expressions historiques momentanées. Si, comme praticien, il est disposé à croire à tous les dieux, pourvu qu'ils soient vivants et efficaces dans l'âme de ses patients, comme penseur il constate à quel point toutes les religions, orientales ou occidentales, se trouvent en mauvaise posture pour résoudre les problèmes de l'homme moderne. Mais comme il définit la religion telle la considération sérieuse de ce qui nous relie (re-ligere) à l'universel et l'image de Dieu comme la valeur psychique dominante dans l'inconscient (bonne ou mauvaise), il croit que l'expérience originelle ayant donné naissance aux diverses religions historiques peut se réveiller dans l'âme de l'homme moderne afin de lui faire découvrir ce Sens en quoi elle consiste essentiellement. Ce Sens, qui est celui de l'intrication universelle (au point que, pour lui, la névrose résulte avant tout de sa perte), se dévoile chez quiconque entreprend un essai de relation consciente avec l'inconscient en une sorte d'itinéraire qu'il a appelé le processus d'individuation. *Il a décrit les étapes de cet itinéraire dans les rêves et dans la vie, étapes qui aboutissent à l'émergence du Soi, c'est-à-dire de ce lieu où les contraires se* confrontent et se soudent en un ensemble qui constitue la personnalité totale.

Pareilles perspectives font non seulement sortir de manière définitive la psychologie du cabinet médical où elle était demeurée confinée dans la première moitié du siècle mais elles font de l'inconscient l'interlocuteur d'ombre dont peuples et individus doivent prendre conscience s'ils ne veulent pas en devenir aliénés, la matrice universelle où l'évolution biologique et culturelle a trouvé et trouve toujours sa germination et son dynamisme. La libido y devient une sorte de grandeur énergétique dont la sexualité, même entendue au sens de l'Eros platonicien ou de l'Amour paulinien, n'est plus qu'une expression parmi d'autres. Ce n'est pas que religion ou culture y puissent remplacer la vie instinctive qui, au contraire, doit être pleinement vécue pour qu'elles puissent en dégager le sens. La sexualité libérée et accomplie se révèle seulement impuissante à dévoiler ce sens par elle-même. Le sentiment de plénitude ne parvient à être atteint qu'au travers d'une croissance en laquelle l'individu actualise toutes ses potentialités, sexuelles, sociales, culturelles et religieuses.

Si, au déclin du XIXe siècle, Freud contribua pour une part décisive à la désintégration d'idéaux moribonds constituant autant d'obstacles à la naissance d'un monde nouveau, Jung, en cette seconde moitié du XXe siècle, se trouve déjà au seuil de ce monde et l'artisan d'une reconstruction. Certes, sa position, *encore inconnue de beaucoup, rencontrera autant de résistances qu'en rencontra celle de Freud. Elle risque surtout d'apparaître étrangère à ceux qui s'imaginent trouver en des réformes institutionnelles, sociales ou économiques la panacée à nos maux. La méfiance de Jung à l'égard de l'État, des masses, de l'homme moyen ou statistique est totale. Ce n'est pas que cet individualiste nous invite à fuir nos responsabilités sociales. Il veut plutôt que celles-ci soient assumées par des êtres conscients des forces qui les conditionnent. A l'écoute de ce qui s'annonce dans les profondeurs individuelles et collectives, ceux-là peuvent mieux que tous autres trouver envers elles un juste rapport et ne pas se laisser absorber par la cohue des événements. Que ce soit dans* Présent et avenir, *dans* Problèmes de l'âme moderne *ou dans* Un mythe moderne, *Jung n'a cessé de nous avertir de proches transformations dont l'ampleur ne pourra être comparée qu'à celle des événements des débuts de notre ère. Pour ceux qui demeurent fixés à l'homme extérieur et à ses institutions, la proche dissolution des traditions les plus vulnérables risque de produire le plus terrifiant des désespoirs. Ce que Jung suggère à l'Occident d'aujourd'hui, c'est d'être prêt à se détacher des formes agonisantes de sa tradition et d'accéder à l'universalité en gestation ; plus encore, c'est d'accueillir ce détachement en demeurant en contact avec les profondeurs inconscientes qui font et défont les traditions,* c'est-à-dire avec ces réalités archétypiques qui sont les schémas constitutifs de l'espèce. Sa vie et son œuvre sont un témoignage de la solitude apparente et du recueillement que requièrent la maturation de tels individus autonomes et le tranquille accueil d'un avenir indicible.

Raymond DE BECKER.

I

L'importance des rêves

L'homme utilise le mot parlé ou écrit pour transmettre à autrui ce qu'il a à l'esprit. Son langage est rempli de symboles, mais il emploie souvent aussi des signes ou des images qui ne sont pas strictement descriptifs, comme les abréviations, les successions d'initiales telles que O.N.U., U.N.I.C.E.F., U.N.E.S.C.O. D'autres sont des marques commerciales ou des noms de médicaments. On peut y ajouter les décorations et les insignes. Bien que toutes ces choses n'aient pas de signification par elles-mêmes, elles en ont acquis une (à nos yeux) par leur usage généralisé, ou parce que nous la leur avons délibérément attribuée. Mais ce ne sont pas des symboles. Ce sont des signes, qui renvoient seulement aux objets auxquels ils sont associés.

Ce que nous appelons symbole est un terme, un nom ou une image qui, même lorsqu'ils nous sont familiers dans la vie quotidienne, possèdent néanmoins des implications, qui s'ajoutent à leur signification conventionnelle et évidente. Le symbole implique quelque chose de vague, d'inconnu, ou de caché pour nous. Beaucoup de monuments crétois, par exemple, portent le dessin d'une double herminette. L'objet nous est connu, mais nous ignorons ses implications symboliques. Prenons un autre exemple, le cas de cet Indien, qui, après un séjour en Angleterre, est rentré chez lui en racontant à ses amis que les Anglais adorent des animaux, parce qu'il avait vu des aigles, des lions, et des bœufs dans les vieilles églises. Il ne s'est pas rendu compte, non plus que beaucoup de chrétiens, que ces animaux sont les symboles des évangélistes, symboles dérivés d'une vision d'Ézéchiel, qui a elle-même une analogie avec le dieu égyptien du soleil, Horus, et ses quatre fils. Il y a en outre d'autres objets, tels que la roue et la croix, qui sont connus dans le monde entier, mais qui ont cependant une fonction symbolique dans certaines conditions. Justement, la nature exacte de ce qu'ils symbolisent demeure cependant matière à spéculations et à controverses.

Donc, un mot ou une image sont symboliques lorsqu'ils impliquent quelque chose de plus que leur sens évident et immédiat. Ce mot, ou cette image, ont un aspect « inconscient » plus vaste, qui n'est jamais défini avec précision, ni pleinement expliqué. Personne d'ailleurs, ne peut espérer le faire. Lorsque l'esprit entreprend l'exploration d'un symbole, il est amené à des idées qui se situent au-delà de ce que notre raison peut saisir. L'image de la roue peut, par exemple, nous suggérer le concept d'un soleil « divin », mais à ce point notre raison est obligée de se déclarer incompétente, car l'homme est incapable de définir un être « divin ». Quand, avec les limites de notre intelligence, nous qualifions une chose de « divine », il n'y a là qu'un mot, qui peut être fondé sur une croyance, mais jamais sur une donnée de fait.

C'est parce que d'innombrables choses se situent au-delà des limites de l'entendement humain que nous utilisons constamment des termes symboliques pour représenter des concepts que nous ne pouvons ni définir, ni comprendre pleinement. C'est aussi l'une des raisons pour lesquelles les religions utilisent un langage symbolique et s'expriment par images. Mais cet usage conscient que nous faisons des symboles n'est qu'un aspect d'un fait psychologique de grande importance : car l'homme crée aussi des symboles de façon inconsciente et spontanée.

Ceci n'est pas facile à saisir. Il faut pourtant le comprendre si nous voulons en savoir davantage sur la façon dont fonctionne l'esprit humain. L'homme, comme nous pouvons nous en rendre compte sitôt que nous réfléchissons, ne perçoit jamais rien pleinement. Il peut voir, entendre, toucher, goûter. Mais les informations qui lui sont ainsi transmises par sa vue, son ouïe, son toucher, son goût, dépendent du nombre et de la qualité de ses sens. Les sens de l'homme limitent la perception qu'il a du monde qui l'entoure. En utilisant des instruments scientifiques, il peut, dans une certaine mesure, pallier leur déficience. Par exemple, il peut étendre son rayon visuel en faisant usage de jumelles, et la finesse de son ouïe par un amplificateur électrique. Mais l'appareil le plus perfectionné ne peut pas faire plus que mettre à portée de son regard des objets éloignés ou très petits, et rendre audibles des sons très faibles. Quel que soit l'instrument qu'il utilise, l'homme arrive toujours, à un moment ou à un autre, à la limite de la certitude que la connaissance consciente ne peut franchir.

De plus, notre perception de la réalité comporte des aspects inconscients. D'abord, même lorsque nos sens réagissent à des phénomènes réels, à des sensations visuelles ou auditives, ils ont été transposés du domaine de la réalité dans celui de l'esprit. Et dans notre esprit, ils deviennent des réalités psychiques, dont la nature ultime n'est pas connaissable (car la psyché ne peut pas connaître sa propre substance). C'est pourquoi il y a dans chaque expérience un nombre indéfini de facteurs inconnus, sans parler du fait que chaque réalité concrète demeure toujours inconnue à certains égards, car nous ne connaissons pas la nature ultime de la matière.

A ces aspects inconscients de nos perceptions conscientes, il faut ajouter les événements dont nous n'avons pas pris note consciemment. Ils sont restés, en quelque sorte, en dessous du seuil de conscience. Ils se sont produits, mais nous les avons enregistrés subliminalement, à notre insu. Ces événements, nous pouvons en prendre conscience dans un moment d'intuition, ou par un processus de réflexion approfondie, qui nous amène à nous rendre compte après coup qu'ils ont dû se produire. Et bien qu'à l'origine, nous n'ayons pas apprécié leur importance émotionnelle et vitale, elle sourd plus tard de notre inconscient comme une pensée seconde.

Cette pensée peut se manifester par exemple sous la forme d'un rêve. C'est ce qui se produit généralement : l'aspect inconscient des événements nous est révélé par le rêve, où il se manifeste non pas sous forme d'une pensée rationnelle, mais par une image symbolique. D'un point de vue historique, c'est l'étude des rêves qui a d'abord mis les psychologues en mesure d'entreprendre une exploration des aspects inconscients d'événements psychiques conscients.

Ce sont des observations qui ont amené les psychologues à supposer l'existence d'une psyché inconsciente, bien que beaucoup de philosophes et de savants se refusent à y croire. Ils objectent naïvement qu'une telle supposition impliquerait l'existence de deux sujets, ou pour exprimer les choses en langage ordinaire, de deux personnalités, dans le même individu. Mais c'est précisément ce qu'elle implique, et à juste titre. Et c'est un malheur pour l'homme moderne que beaucoup de personnes souffrent aujourd'hui de cette dualité, car en principe, il ne s'agit nullement d'un symptôme pathologique. C'est un fait normal, que l'on peut observer partout, à toutes époques. Le névrosé dont la main droite ne sait pas ce que fait la gauche n'est pas un cas unique. Cette situation n'est que la manifestation d'une inconscience qui est l'héritage commune de l'humanité.

L'homme, en effet, n'est devenu conscient que graduellement, laborieusement, au cours d'un processus qui s'est prolongé pendant des siècles innombrables, avant d'arriver au stade de la civilisation (que l'on fait arbitrairement commencer avec l'invention de l'écriture, aux environs de l'an 4000 avant J.-C.). Et cette évolution est loin d'être achevée car de vastes régions de l'esprit humain sont encore entourées de ténèbres. Ce que nous appelons la psyché ne peut en aucun cas être identifié avec notre conscience et son contenu.

Celui qui nie l'existence de l'inconscient suppose en fait que nous connaissons aujourd'hui totalement la psyché. Et cette supposition est d'une fausseté aussi évidente que la supposition que nous connaissons tout ce qu'il y a à connaître de l'univers physique. Notre psyché fait partie de la nature et son énigme est aussi dépourvue de limites. Il en résulte que nous ne pouvons définir ni la psyché, ni la nature. Nous pouvons seulement affirmer la conviction que nous avons de leur existence, et décrire, de notre mieux, leur fonctionnement. Tout à fait en dehors, donc, des observations accumulées au cours de recherches médicales, des arguments logiques de poids nous incitent à rejeter des affirmations telles que : « l'inconscient n'existe pas ». De telles affirmations ne font qu'exprimer un très ancien *misonéisme*, c'est-à-dire la peur de ce qui est *nouveau* et *inconnu.*

Il y a des raisons historiques à cette résistance que l'on oppose à l'idée d'une partie inconnue de la psyché. La conscience est une acquisition très récente de la nature, et elle en est encore au stade « expérimental ». Elle est fragile, menacée par des dangers spécifiques, et aisément blessée. Comme l'ont remarqué les anthropologues, un des troubles mentaux les plus fréquents chez les primitifs est « la perte d'une âme », c'est-à-dire une scission, ou plutôt une dissociation de la conscience.

Chez les peuples dont la conscience n'a pas encore atteint le degré de développement de la nôtre « l'âme » (ou psyché) n'est pas sentie comme unité. Beaucoup de primitifs [1] croient que l'homme, en plus de son âme propre, possède une

---

1. « Nous utilisons — soulignons-le — l'idée de « primitif » au sens d'« originel » sans faire allusion au moindre jugement de valeur », écrit Jung dans *L'homme à la découverte de son âme.* (Payot, 6ᵉ éd. 1962, p. 192.) *(N.T.)*

bush soul ou âme de la brousse, et que cette âme de la brousse s'incarne dans un animal sauvage ou dans un arbre, qui ont alors avec l'individu humain une sorte d'identité psychique. C'est ce que l'éminent ethnologue français Lévy-Bruhl appelait une participation mystique. Il s'est rétracté plus tard sous la pression des critiques qu'on a opposées à sa théorie, mais je crois que ce sont ses adversaires qui avaient tort. C'est un phénomène bien connu en psychologie qu'un individu peut s'identifier inconsciemment avec une autre personne ou un objet.

Cette identité peut prendre les formes les plus diverses chez les primitifs. Si « l'âme de la brousse » est celle d'un animal, l'animal est considéré comme une sorte de frère de l'homme. Par exemple, un homme qui aurait pour frère un crocodile peut, en toute sécurité, nager, dans une rivière infestée de ces animaux. Si l'âme de la brousse est un arbre, on suppose l'existence d'une sorte de lien filial, tout mal fait à l'âme de la brousse atteint également l'homme.

Certaines tribus croient que l'homme a une pluralité d'âmes. Cette croyance exprime le sentiment qu'ont les primitifs que chaque homme est constitué par plusieurs unités distinctes, bien que reliées. Cela signifie que la psyché de l'individu est très loin d'être définitivement unifiée. Au contraire, elle menace à tout instant de se fragmenter sous le choc d'émotions incontrôlées.

Ces faits, avec lesquels nous ont familiarisés les études des anthropologues, ne sont pas aussi étrangers à notre stade plus avancé de civilisation qu'il y paraît au premier abord. Nous aussi, nous pouvons être atteints de dissociation psychique, et perdre notre personnalité. Nous pouvons devenir la proie d'humeurs et être profondément altérés par elles, nous pouvons devenir déraisonnables, et incapables de nous souvenir de choses importantes nous concernant nous ou les autres, en sorte qu'on nous demande « mais qu'est-ce qui vous prend ? ». Nous prétendons être capables de « nous contrôler », mais le contrôle de soi est une qualité remarquable par sa rareté. Nous avons l'illusion que nous nous contrôlons. Mais un ami peut aisément nous dire sur nous-même des choses dont nous n'avons pas conscience.

Il ne fait pas de doute que même dans ce que nous appelons un haut niveau de civilisation, la conscience humaine n'est pas encore parvenue à un degré satisfaisant de continuité. Elle est encore vulnérable et susceptible de se fragmenter. Cette faculté que nous avons d'isoler une partie de notre esprit, est, en fait, une caractéristique d'une grande valeur. Elle nous permet de concentrer notre attention sur une chose à la fois, à l'exclure de ce qui la sollicite par ailleurs. Mais il y a une différence radicale entre la décision que nous pouvons prendre de mettre à part et de supprimer momentanément une partie de notre psyché, et un état dans lequel ce phénomène se produit spontanément, à l'insu et sans le consentement du sujet, et même contre sa volonté. Le premier processus est une conquête de l'être civilisé, le second correspond à ce que les primitifs appellent la perte d'une âme, et plus près de nous, il peut être la cause pathologique d'une névrose.

Ainsi, même de nos jours, l'unité de la conscience reste quelque chose de précaire. Elle peut être trop facilement rompue. Et la faculté de dominer nos émotions, qui peut nous paraître désirable d'un certain point de vue, serait par ailleurs une qualité d'une valeur contestable, car elle enlèverait aux relations humaines toute variété, toute couleur, toute chaleur et tout charme.

C'est dans cette perspective que nous devons examiner l'importance des rêves, de ces fantaisies immatérielles, insaisissables, trompeuses, vagues, incertaines, que produit notre inconscient. Pour mieux faire comprendre mon point de vue, je voudrais raconter comment il s'est peu à peu constitué au cours des années, et comment j'ai été amené à conclure que les rêves sont le champ d'exploration le plus aisément et le plus fréquemment accessible pour qui veut étudier la faculté de symbolisation de l'homme.

C'est Sigmund Freud qui, le premier, a essayé d'explorer empiriquement l'arrière-plan inconscient de la conscience. Il a pris pour hypothèse que les rêves ne sont pas le produit du hasard, mais sont en relation avec nos pensées et nos problèmes conscients. Une telle hypothèse n'avait rien d'arbitraire. Elle s'appuyait sur la conclusion, à laquelle étaient parvenus des neurologues éminents, (par exemple Pierre Janet), que les symptômes névrotiques sont liés à une expérience consciente. Il semble même que ces symptômes soient la manifestation de zones dissociées de notre conscience, qui, à un autre moment et dans d'autres conditions, peuvent redevenir conscientes. A la fin du siècle dernier, Freud et Josef Breuer avaient constaté que les symptômes névrotiques, l'hystérie, certains types de souffrance physique, les comportements anormaux, ont en réalité un sens symbolique. C'est un mode d'expression de notre esprit inconscient tout comme dans les rêves. Un malade, par exemple, confronté avec une situation intolérable peut être pris de spasmes à chaque fois qu'il essaie d'avaler : il « ne peut pas avaler la situation ». Dans ces conditions analogues, un autre sujet aura une attaque d'asthme : l'atmosphère de son foyer est pour lui irrespirable. Un troisième souffre d'une paralysie des jambes : il ne peut plus marcher, autrement dit, il ne peut pas continuer à vivre ainsi. Un quatrième, qui rejette tout ce qu'il mange, ne peut pas « digérer » quelque fait désagréable. Je pourrais citer beaucoup d'exemples de cette sorte. Mais ces réactions physiques ne sont qu'une des formes sous lesquelles se manifestent les problèmes qui nous tourmentent inconsciemment. Ils s'expriment encore beaucoup plus fréquemment dans les rêves.

Tout psychologue qui a écouté les gens lui décrire leurs rêves sait que les symboles qui y apparaissent sont beaucoup plus variés que les symptômes physiques de la névrose. Ils se présentent souvent sous forme de fantasmes complexes et pittoresques. Mais si l'analyste, confronté avec cet univers onirique, utilise la technique de la « libre association » créée par Freud, il s'aperçoit que les rêves peuvent, à la fin, être réduits à certains schèmes fondamentaux. Cette technique a joué un rôle important dans le développement de la psychanalyse, car elle a mis Freud en mesure de prendre les rêves comme point de départ, pour l'investigation du problème inconscient dont souffraient ses malades.

Freud a fait cette remarque simple mais pénétrante, que si l'on encourage le rêveur à commenter les images de ces rêves, et à exprimer les pensées qu'elles lui suggèrent, il se trahira et révélera l'arrière-plan inconscient des troubles dont il se plaint, à la fois par ce qu'il dit, et par ce qu'il omet de dire. Les idées qu'il exprime peuvent paraître au premier abord illogiques, étrangères au sujet, mais au bout d'un moment, il devient relativement facile de découvrir ce qu'il s'efforce d'éviter, la pensée ou l'expérience désagréable qu'il veut supprimer. Quelque ruse qu'il mette à la dissimuler, chacun des mots qu'il utilise pointe droit au cœur de la situation. Le médecin voit si fréquemment l'envers des choses, qu'il est rarement loin de la vérité quand il interprète ce mélange de dérobades et d'allusions comme l'indice d'une mauvaise conscience. Et ce qu'il finit par découvrir, malheureusement, confirme son attente. Jusqu'ici, on ne peut rien objecter à Freud contre sa théorie du refoulement et de la satisfaction imaginaire des désirs, comme origine apparente des symboles de nos rêves. Freud a attaché une importance particulière aux rêves comme point de départ pour la technique de la « libre association ». Mais au bout d'un certain temps, j'ai commencé à penser que cette façon d'utiliser les richesses des fantasmes que produit notre inconscient pendant notre sommeil était à la fois trompeuse et insuffisante. Mes doutes ont véritablement commencé à se faire jour quand un de mes collègues m'a raconté une expérience qu'il avait faite lors d'un long voyage en train en Russie. Bien qu'il ne sût pas le russe et fût incapable de déchiffrer les caractères de l'alphabet cyrillique, il s'aperçut que les lettres étranges qu'il voyait sur les panonceaux et les affiches l'avaient jeté dans un état de rêverie dans laquelle il leur attribuait toutes sortes de sens possibles.

Une idée mena à l'autre, et dans cet état de détente où il se trouvait, il se rendit compte que cette « libre association » avait réveillé en lui beaucoup de vieux souvenirs. Parmi eux, il fut désagréablement surpris de découvrir des sujets déplaisants, depuis longtemps enterrés dans sa mémoire, des choses qu'il avait souhaité oublier, et que sa *conscience* avait oubliées effectivement. Il était arrivé à découvrir ce que les psychologues auraient appelé ses « complexes », c'est-à-dire, des thèmes affectifs refoulés, susceptibles de provoquer des troubles permanents dans notre vie psychique, ou même les symptômes d'une névrose.

Cette histoire me révéla qu'il n'était pas nécessaire d'utiliser le rêve comme point de départ pour une libre association lorsque l'on veut découvrir les complexes d'un malade. Je me rendis compte que l'on pouvait atteindre le centre de n'importe quel point de la circonférence. On pouvait partir de l'alphabet cyrillique, d'une méditation sur une boule de cristal, un moulin à prière, un tableau abstrait, ou même d'une conversation fortuite à propos d'un événement tout à fait banal : le rêve à cet égard, n'avait ni plus ni moins d'utilité que tout autre point de départ. Et pourtant, les rêves ont une importance qui leur est propre, même s'ils sont souvent suscités par un bouleversement affectif dans lequel les complexes habituels de l'individu sont aussi impliqués. (Les complexes habituels de l'individu sont les points sensibles de la psyché qui réagissent le plus rapidement à une stimulation, à une perturbation exogènes.) Ainsi donc, on pouvait, par la libre association, remonter de n'importe quel rêve aux pensées secrètes qui tourmentent l'individu.

Mais à ce point toutefois, je m'avisai que, si j'avais eu raison jusque-là, on pouvait raisonnablement en inférer que les rêves ont une fonction propre, plus significative. Très souvent les rêves ont une structure bien définie, qui a visiblement un sens, et manifeste quelque idée ou intention sous-jacente, bien qu'en règle générale ces dernières ne soient pas immédiatement intelligibles. Je commençai donc à considérer s'il ne fallait pas accorder plus d'attention à la forme et au contenu du rêve, au lieu de se laisser entraîner par la « libre » association et l'enchaînement des idées vers des complexes que l'on pouvait aussi aisément atteindre par d'autres moyens.

Cette idée nouvelle marqua un tournant dans l'évolution de ma psychologie. A partir de ce moment, je cessai graduellement de suivre les associations qui s'écartaient par trop du texte du rêve. Je décidai de me concentrer plutôt sur les associations se rapportant directement au rêve lui-même, convaincu que celui-ci exprimait quelque chose de spécifique que l'inconscient essayait de nous communiquer.

Ce changement d'attitude à l'égard des rêves entraîna un changement de méthode. Ma nouvelle technique devait tenir compte de tous les aspects plus vastes et plus variés du rêve. Une histoire racontée par notre esprit conscient a un début, un développement et une conclusion. Il n'en va pas de même du rêve. Ses dimensions dans le temps et l'espace sont tout à fait différentes. Pour le comprendre, il faut en examiner chaque aspect, comme on le ferait d'un objet inconnu qu'on tourne et retourne dans ses mains jusqu'à ce que chaque détail de sa forme soit devenu familier.

Peut-être en ai-je dit assez maintenant pour faire comprendre comment j'ai été amené à m'opposer toujours davantage à la « libre » association, telle que Freud l'a d'abord employée. Je voulais serrer d'aussi près que possible le rêve lui-même et exclure toutes les idées et les associations hors de propos qu'il pouvait évoquer. Sans doute, elles pouvaient mener à la découverte des complexes qui provoquaient les troubles névrotiques d'un malade, mais j'avais à l'esprit un but bien plus vaste. Il y a beaucoup d'autres moyens qui permettent l'identification de tels complexes : le psychologue par exemple, peut obtenir toutes les clefs qui lui sont nécessaires en utilisant les tests d'association verbale (en demandant au malade ce qu'il associe à un nombre de mots donnés et en étudiant ses réactions). Mais si l'on veut connaître et comprendre l'organisation psychique de la personnalité totale d'un individu, il est essentiel de se rendre compte que les rêves ont un rôle beaucoup plus important à jouer.

Presque tout le monde sait aujourd'hui, par exemple, que l'acte sexuel peut être symbolisé (ou si l'on veut, représenté sous une forme allégorique) par un très grand nombre d'images différentes.

Chacune de ces images peut, par un processus d'association, nous conduire à l'idée de rapports sexuels, et aux complexes spécifiques qui influent sur le comportement sexuel d'un individu. Mais on peut aussi bien mettre à jour de tels complexes grâce à une rêverie à propos d'un alphabet russe indéchiffrable. J'ai donc été amené à supposer que le rêve peut contenir un message autre que le symbole sexuel (et ceci pour des raisons définies). Je donne un exemple :

Un homme rêve qu'il introduit une clef dans une serrure, qu'il manie un lourd bâton, ou qu'il enfonce une porte avec un bélier. Chacun de ces instruments peut être regardé comme un symbole sexuel. Mais le fait que l'inconscient ait choisi l'une de ces trois images plutôt que les deux autres a aussi une très grande importance, et implique une intention. Le problème réel est de comprendre pourquoi la clef a été préférée au bâton et le bâton au bélier. Et quelquefois, on est aussi amené à découvrir que ce n'était pas du tout l'acte sexuel qui était ainsi désigné, mais une autre situation psychologique.

Ce raisonnement m'amena à conclure que seules les images et les idées qui font manifestement partie du rêve doivent être utilisées pour son interprétation. Le rêve porte en lui-même ses limites. Il a une forme bien à lui, qui nous indique ce qui s'y rapporte et ce qui s'en éloigne. Alors que l'association « libre » nous entraîne toujours plus loin des matériaux originels du rêve par une démarche en zigzag, la méthode que j'ai conçue nous amène plutôt à effectuer une sorte de promenade circulaire qui aurait l'image du rêve pour centre. Je tourne tout autour de l'image du rêve, et je refuse de tenir compte des tentatives que fait le rêveur pour s'en écarter. J'ai été maintes fois, au cours de ma pratique professionnelle, amené à répéter la phrase : « Revenons à notre rêve. Que dit le rêve ? »

Par exemple, un de mes malades avait rêvé d'une femme ivre, échevelée et vulgaire. Dans le rêve, il semblait que ce fût sa femme, alors que dans la réalité, elle était toute différente. Au premier abord, donc, le rêve était d'une fausseté choquante, et le malade l'avait immédiatement rejeté comme une de ces absurdités qui se présentent à l'esprit pendant le sommeil. Si, en tant que médecin, je l'avais laissé s'engager dans un processus d'associations d'idées, il aurait inévitablement essayé de s'écarter le plus possible de la suggestion déplaisante de son rêve. En ce cas, il aurait fini par aboutir à un de ses complexes habituels, qui n'auraient peut-être eu aucun rapport avec sa femme, et nous n'aurions jamais rien su du sens spécial de ce rêve particulier.

Qu'était-ce donc que son inconscient essayait de lui communiquer par cette affirmation si manifestement fausse ? Le rêve exprimait clairement l'idée d'une femme dégénérée qui avait un lien étroit avec la vie du dormeur. Mais puisque la projection de cette image sur son épouse était injustifiée et contredite par les faits, il me fallait chercher ailleurs ce que cette image repoussante représentait.

Au Moyen Age, bien avant que les physiologistes aient démontré que notre structure glandulaire confère à chacun de nous des éléments à la fois mâles et femelles, un dicton voulait que « chaque homme porte en lui une femme ». Et c'est cet élément féminin dans chaque homme que j'ai appelé *l'anima*. Cet aspect *féminin* est essentiellement une certaine façon, intérieure, qu'a l'homme de se rapporter à son entourage, qu'il cache aux autres tout autant qu'à lui-même. Même lorsque la personnalité visible d'un individu paraît normale, il se peut qu'il dissimule aux autres et à lui-même cette « femme qu'il porte en lui » et dont l'état est quelquefois déplorable.

C'était le cas pour le malade dont je parle. Son aspect féminin était loin d'être beau. Son rêve lui disait en fait : « Vous vous comportez à certains égards comme une femme dégénérée », en lui donnant le choc correspondant. (Il ne faudrait pas conclure de cet exemple que l'inconscient s'occupe de donner des commandemants « moraux ». Le rêve ne disait pas au malade de se mieux comporter. Il s'efforçait simplement de contrebalancer l'influence d'une conscience faussée qui s'obstinait à affirmer au malade qu'il était un parfait gentleman.)

Il est facile de comprendre pourquoi les rêveurs

tendent à ignorer ou même à rejeter le message qui leur est ainsi communiqué. La conscience résiste naturellement à tout ce qui est inconscient et inconnu. J'ai déjà signalé l'existence, chez les peuples primitifs, de ce que les anthropologues appellent « le misonéisme », c'est-à-dire une peur profonde, superstitieuse, de la nouveauté. Les primitifs ont les mêmes réactions que l'animal sauvage devant des événements désagréables. Mais l'homme « civilisé » réagit de la même façon devant des idées nouvelles, en élevant des barrières psychologiques pour se protéger contre le choc d'affronter une nouveauté. On le voit aisément aux réactions de l'individu devant ses propres rêves, quand ils l'obligent à admettre une pensée qui le surprend. Beaucoup de précurseurs dans le domaine de la philosophie, des sciences ou de la littérature, se sont heurtés à ce conservatisme inné chez leurs contemporains. La psychologie est une science des plus jeunes et parce qu'elle s'efforce d'élucider ce qui se passe dans l'inconscient, elle se heurte à une forme extrême de misonéisme.

II

Le passé et l'avenir dans l'inconscient

Jusqu'à présent, j'ai esquissé quelques-uns des principes sur lesquels je me suis fondé pour aborder le problème des rêves, car lorsque nous voulons explorer cette faculté qu'a l'homme de produire des symboles, les rêves constituent le matériau le plus fondamental et le plus accessible à notre examen. Il faut ici tenir compte de deux points absolument essentiels : d'une part, le rêve doit être traité comme un fait, à propos duquel on ne doit pas avoir d'idée préconçue, sinon qu'il a d'une manière ou d'une autre un sens, une expression spécifique de l'inconscient.

Il serait difficile de donner à ces principes une expression plus modeste. En quelque mépris qu'on tienne l'inconscient, chacun doit accorder qu'il mérite d'être exploré. L'inconscient se situe au moins au niveau du pou, qui, après tout, jouit de l'honnête intérêt que lui porte l'entomologiste. Si quelqu'un qui a peu de connaissance et d'expérience des rêves pense qu'ils ne sont que des phénomènes chaotiques dénués de sens, il est parfaitement libre de le faire. Mais si on les tient pour des événements normaux (et ils le sont), il faut bien supposer qu'ils ont une cause rationnelle, ou, d'une certaine façon, un but, ou les deux à la fois.

Considérons d'un peu plus près la façon dont sont reliés les contenus conscient et inconscient de notre esprit. Prenons un exemple familier à tous. Vous vous apercevez subitement que vous ne vous souvenez plus de ce que vous alliez dire, bien que l'idée ait été parfaitement claire un instant auparavant. Ou encore, vous vous apprêtez à présenter un de vos amis, et son nom vous échappe au moment même où vous alliez le prononcer. Vous dites que vous ne vous en souvenez pas. En réalité, l'idée est devenue inconsciente, ou du moins se trouve temporairement séparée de la conscience. Le même phénomène se produit au niveau des sens. Si nous écoutons une note continue se situant à la limite de l'audible, il nous semble que le son s'interrompt à intervalles réguliers, pour reprendre. Ces oscillations sont dues à une croissance et une décroissance périodiques de notre attention, et non pas à un changement de la note.

Mais lorsque quelque chose échappe à notre conscience, cette chose ne cesse pas pour autant d'exister, pas plus que la voiture qui disparaît au coin de la rue ne se dissout dans le néant. Nous l'avons seulement perdue de vue. Et de même que nous pouvons revoir cette voiture plus tard, nous pouvons aussi retrouver les pensées que nous avions momentanément perdues.

Une partie de l'inconscient consiste donc en une multitude de pensées, d'impressions, d'images temporairement oblitérées qui, bien qu'elles soient perdues pour notre esprit conscient, continuent à l'influencer. Un homme qui est distrait, ou dont « l'esprit est ailleurs », traverse une pièce pour aller chercher quelque chose. Vous le voyez s'arrêter, perplexe. Il a oublié ce qu'il était venu faire. Ses mains tâtonnent parmi les objets qui se trouvent sur la table comme s'il était en proie à un accès de somnambulisme. Il a oublié son intention initiale, mais reste inconsciemment guidé par elle. Puis il se rend compte de ce qu'il voulait. C'est son inconscient qui l'y a fait aboutir.

Si vous observez le comportement d'une personne névrosée, vous la verrez faire beaucoup de choses d'une façon apparemment consciente ou délibérée. Pourtant, si vous lui posez des questions, vous vous apercevrez qu'elle n'en a pas conscience, ou qu'elle a tout autre chose à l'esprit. Elle entend sans entendre. Elle voit sans voir. Elle sait, sans savoir. De tels exemples sont si répandus que le spécialiste se rend compte rapidement que la teneur inconsciente de l'esprit provoque le même comportement que la consciente, et qu'on ne peut jamais déterminer avec certitude, dans ces cas-là, si une pensée, une parole ou une action, est consciente ou non.

Ce sont des comportements de ce genre qui incitent beaucoup de médecins à rejeter les affirmations des hystériques comme autant de mensonges. Des individus de ce genre font certainement plus de déclarations fausses que la moyenne des hommes, mais « mensonges » n'est guère le terme approprié. En fait, leur état mental provoque une incertitude du comportement, parce que leur conscience subit d'imprévisibles éclipses par suite d'une interférence de l'inconscient. Même leurs sensations tactiles peuvent être marquées de ces fluctuations. A un moment donné, une personne hystérique sentira l'aiguille avec laquelle on lui pique le bras. L'instant d'après, elle ne sent plus rien. Si l'on réussit à concentrer son attention sur un point donné, il en résultera une anesthésie complète de tout le corps jusqu'à ce que la tension qui provoque cette suppression momentanée de toute sensation se soit relâchée. La perception sensorielle est alors immédiatement rétablie. Mais pendant tout ce temps le malade a enregistré inconsciemment ce qui lui arrivait.

Le médecin peut observer très clairement ce processus quand il hypnotise un tel malade. Il est facile de démontrer que le malade a bien enregistré chaque détail. La piqûre d'aiguille, ou la remarque faite pendant l'éclipse de la conscience, peuvent être remémorées aussi exactement que s'il n'y

avait pas eu d'anesthésie ou « d'oubli ». Je me souviens d'une femme qu'on a amenée à la clinique
dans un état d'hébétude totale. Quand elle a repris
conscience le jour suivant, elle savait qui elle était,
mais elle ne savait pas où elle se trouvait, comment
ou pourquoi elle était venue là, ni même la date.
Pourtant, une fois hypnotisée, elle me raconta
comment elle était tombée malade, comment elle
était venue à la clinique, et qui l'y avait admise.
Tous ces détails purent être vérifiés. Elle put
même me dire l'heure de son admission, car il y
avait une montre dans l'entrée. Sous hypnose, sa
mémoire était aussi claire que si elle avait été
consciente tout le temps.

Quand nous discutons de ces problèmes, il nous
faut en général nous reporter à des épreuves tirées
des observations cliniques. C'est la raison pour
laquelle beaucoup de critiques croient que l'inconscient, avec toutes ses subtiles manifestations, appartient uniquement au domaine de la psycho-
pathologie. Ils considèrent toute manifestation de
l'inconscient comme un symptôme de névrose ou
de psychose, sans rapport avec l'état mental normal. Mais les phénomènes névrotiques ne sont en
aucune façon le produit exclusif de la maladie. Ils
ne sont en fait que des exagérations pathologiques
de phénomènes normaux, plus faciles à observer
en raison de cette exagération même. Des symptômes hystériques peuvent être observés chez
toute personne normale, mais ils sont si légers

qu'on ne les remarque ordinairement pas. Oublier, par exemple, est un processus parfaitement normal, dans lequel certaines de nos idées conscientes perdent leur énergie spécifique parce que notre attention est tournée vers autre chose. Quand l'intérêt se déplace ainsi, il laisse dans l'ombre les choses dont nous nous étions jusque-là occupés, comme un projecteur éclaire une nouvelle partie du paysage en laissant l'autre retomber dans les ténèbres. C'est inévitable, car la conscience ne peut conserver qu'un petit nombre d'images en pleine clarté en même temps, et même dans ce cas, il y a des fluctuations dans la clarté. Mais les idées oubliées n'ont pas cessé d'exister. Bien qu'il ne soit pas en notre pouvoir de les reproduire volontairement, elles sont présentes dans un état subliminal, juste au-dessous du seuil de remémoration, d'où elles peuvent resurgir dans notre conscience à n'importe quel moment, souvent après des années d'un oubli apparemment total.

Je parle ici de choses que nous avons vues ou entendues consciemment, et oubliées par la suite. Mais il nous arrive à tous de voir, d'entendre, de sentir, de goûter des choses sans le remarquer, soit parce que notre attention est occupée ailleurs, soit parce que l'excitation transmise par nos sens est trop faible pour laisser en nous une impression consciente. L'inconscient, toutefois, les a notées, et ces perceptions sensorielles subliminales jouent un rôle important dans notre vie quotidienne. Sans que nous nous en rendions compte, elles ont une influence sur la façon dont nous réagissons devant les événements et les hommes.

Un exemple particulièrement révélateur m'a été fourni par un professeur qui se promenait dans la campagne avec un de ses élèves, et qui se trouvait absorbé par une conversation sérieuse. Il remarqua soudain que le fil de ses pensées avait été interrompu par un flot imprévisible de souvenirs datant de sa première enfance. Rien, dans ce qu'il venait de dire, ne paraissait avoir de rapports avec ces souvenirs. En regardant derrière lui, il s'aperçut qu'il venait de longer une ferme, quand le premier de ces souvenirs d'enfance avait surgi dans son esprit. Il proposa à son élève de revenir jusqu'à l'endroit où avaient débuté ces fantasmes. Une fois arrivé, il remarqua une odeur d'oies, et se rendit compte aussitôt que c'était cette odeur qui avait déclenché le flot de souvenirs.

Dans sa jeunesse il avait vécu dans une ferme où l'on élevait des oies, et leur odeur caractéristique avait laissé en lui une impression durable, mais oubliée. En passant devant la ferme, au cours de sa promenade, il avait subliminalement enregistré cette odeur, et cette perception inconsciente lui avait rappelé les expériences, depuis longtemps oubliées, de son enfance. La perception avait été subliminale, parce que son attention était engagée ailleurs, et que l'excitation n'avait pas été assez forte pour le détourner, et atteindre la conscience directement. Pourtant, elle avait fait surgir ces souvenirs « oubliés ».

Cet effet qu'ont les perceptions inconscientes de déclencher une succession de phénomènes psychiques peut expliquer l'apparition de symptômes névrotiques aussi bien que de souvenirs plus bénins lorsqu'une image, une odeur, un son, nous rappellent des circonstances passées. Une jeune fille, par exemple, pourra travailler dans son bureau, apparemment en bonne santé et d'excellente humeur. L'instant d'après, elle a une migraine aiguë, et manifeste d'autres signes de détresse. Sans l'avoir consciemment remarqué, elle a entendu la sirène de brume d'un bateau, au loin, et cela lui a inconsciemment rappelé le chagrin que lui a causé le départ de l'homme qu'elle aime, et qu'elle s'est efforcée d'oublier. A côté du processus normal d'oubli, Freud a décrit plusieurs cas impliquant l'oubli de souvenirs désagréables, des souvenirs que nous ne sommes que trop prêts à perdre. Comme l'a fait remarquer Nietzsche, lorsque notre fierté est en cause, la mémoire préfère souvent céder. Et c'est pourquoi nous trouvons, parmi les souvenirs oubliés, beaucoup de faits restant à l'état subliminal (et que nous ne pouvons pas reproduire volontairement) parce que désagréables et incompatibles [1]. Les psychologues appellent cela le refoulement. Un exemple pourrait être celui de

---

1. Avec notre univers mental. *(N.T.)*

la secrétaire qui est jalouse d'une des associées de son patron. Elle oublie toujours d'inviter cette personne aux conférences, bien que son nom figure sur la liste qu'elle utilise. Mais si l'on attire son attention sur le fait, elle répond qu'elle a « oublié », ou qu'on l'a « dérangée ». Elle n'admet jamais, pas même en son for intérieur, la raison véritable de cette omission.

Beaucoup de gens commettent l'erreur de surestimer le rôle de la volonté, et croient que rien ne peut arriver à leur esprit sans qu'ils l'aient décidé ou prémédité. Mais il faut apprendre à faire une distinction minutieuse entre les contenus intentionnels et non intentionnels de l'esprit. Les premiers dérivent de la personnalité du Moi. Les seconds, en revanche, jaillissent d'une source qui n'est pas identique au Moi mais est son envers. C'est cet « envers » qui a incité la secrétaire à oublier l'invitation.

Il y a beaucoup de raisons qui nous font oublier ce que nous avons remarqué ou ressenti. Il y a autant de manières de les rappeler. Un exemple intéressant nous est fourni par la cryptomnésie, le souvenir caché. Un auteur développe une série d'arguments ou la trame d'une histoire, en suivant continûment un plan préconçu, quand soudain il s'engage dans une direction divergente. Peut-être parce qu'une idée nouvelle s'est présentée à lui, ou une image différente, ou une intrigue secondaire entièrement nouvelle. Si vous lui demandez ce qui a provoqué cette digression, il ne sera pas capable de vous le dire. Il n'a peut-être même pas remarqué le changement de direction de sa pensée bien qu'il ait écrit quelque chose de totalement nouveau, dont il n'avait apparemment aucune connaissance préalable. Mais on peut quelquefois montrer que ce qu'il vient d'écrire a une ressemblance frappante avec l'œuvre de quelque autre auteur, œuvre qu'il croit n'avoir jamais vue.

J'en ai trouvé un exemple fascinant dans le livre de Nietzsche *Ainsi parlait Zarathoustra*, où l'auteur reproduit presque mot pour mot, un incident consigné dans le livre de bord d'un bateau de 1686. Par hasard, j'avais lu le compte rendu de cet incident dans un ouvrage publié en 1835, (un demi-siècle avant que Nietzsche n'écrivît son livre). Et quand j'ai trouvé le même passage dans *Ainsi parlait Zarathoustra*, j'ai été frappé par son style particulier, très différent du style habituel de Nietzsche. Je fus convaincu que Nietzsche devait avoir lu aussi l'autre livre, bien qu'il n'y fît aucune allusion. J'écrivis à sa sœur, qui était encore en vie, et elle me confirma qu'elle et son frère avaient effectivement lu ce livre ensemble quand elle avait onze ans. Je pense, d'après le contexte, qu'il est impensable que Nietzsche se soit rendu compte qu'il commettait un plagiat. Je crois que cinquante ans après, l'histoire avait inopinément resurgi dans son esprit conscient.

Dans des cas de ce genre, il y a bien rappel de

souvenirs, même si l'on ne s'en rend pas compte. La même chose peut arriver au musicien qui a entendu un chant folklorique ou une chanson populaire dans son enfance et les voit, arrivé à l'âge adulte, se présenter comme thème d'un mouvement symphonique. Une idée ou une image est repassée de l'inconscient dans le conscient.

Ce que j'ai dit jusqu'à présent de l'inconscient n'est guère qu'une esquisse superficielle de la nature et du fonctionnement de cette partie complexe de la psyché humaine. Mais elle a peut-être fait comprendre l'allure du matériel subliminal à partir duquel les symboles de nos rêves peuvent être spontanément produits. Ce matériel subliminal peut consister en toutes sortes de besoins, d'impulsions, d'intentions ; de perceptions et d'intuitions ; de pensées rationnelles ou irrationnelles, de conclusions, d'inductions, de déductions et de prémisses ; et en toute une gamme de sentiments. N'importe lequel de ces phénomènes psychiques peut devenir partiellement, temporairement, ou définitivement, inconscient.

Ce matériel, dans sa plus grande part, est devenu inconscient tout simplement parce qu'il n'y avait pour ainsi dire pas de place pour lui dans l'esprit conscient. Certaines de nos pensées perdent leur énergie affective et deviennent subliminales (c'est-à-dire ne reçoivent plus la même quantité d'attention consciente) parce qu'elles n'ont plus pour nous le même intérêt, qu'elles n'ont pas de rapport avec ce qui nous préoccupe, ou parce que, pour une raison quelconque, nous souhaitons les chasser hors de notre vue.

Oublier, en fait, est normal et nécessaire en ce sens, afin de faire de la place dans notre conscience à de nouvelles impressions, de nouvelles idées. Si cet oubli ne se produisait pas, toute notre expérience resterait au-dessus du seuil de conscience, et notre esprit s'en trouverait encombré jusqu'à ne plus le supporter. Ce fait est aujourd'hui reconnu si largement que tous ceux qui savent un peu de psychologie en sont convaincus.

Cependant de même que les contenus conscients de notre esprit peuvent disparaître dans l'inconscient, de nouveaux contenus qui n'ont jamais encore été conscients, peuvent en émerger. On peut avoir l'impression, par exemple, que quelque chose est sur le point de faire irruption dans la conscience, qu'« il y a quelque chose dans l'air », ou « anguille sous roche ». La découverte que l'inconscient n'est pas seulement le simple dépositaire de notre passé, mais aussi rempli de germes de situations psychiques et d'idées à venir, a déterminé la nouveauté de ma propre attitude à l'égard de la psychologie. Il y a un grand nombre de controverses à ce propos. Mais il est de fait que, outre les souvenirs d'un passé lointain qui fut conscient, des idées neuves et créatrices peuvent aussi surgir de l'inconscient, idées qui n'ont jamais été conscientes précédemment. Elles naissent des profondeurs obscures de notre esprit comme un lotus et constituent une partie très importante de la psyché subliminale.

Nous en trouvons des exemples dans la vie quotidienne, où des dilemmes sont quelquefois résolus par un aperçu nouveau, tout à fait inattendu, du problème. Beaucoup de philosophes, d'artistes et même de savants, doivent quelques-unes de leurs meilleures idées à des inspirations soudaines provenant de l'inconscient. La faculté d'atteindre un filon particulièrement riche de ce matériau et de le transformer efficacement en philosophie, en littérature, en musique ou en découverte scientifique, est ce qu'on appelle communément le génie. Nous en trouvons des preuves évidentes dans l'histoire des sciences elles-mêmes. Par exemple, le mathématicien Poincaré et le chimiste Kékulé durent, de leur propre aveu, d'importantes découvertes à de soudaines images révélatrices surgies de l'inconscient. La prétendue expérience mystique d'un Descartes, qui lui révéla en un éclair l'ordre des sciences [1], relève d'un phénomène analogue. Le romancier Robert Louis Stevenson ayant cherché pendant des années une histoire qui exprimerait le sentiment profond qu'il avait d'une double personnalité de l'être humain,

---

1. Allusion au rêve de 1619, où Descartes entrevit « l'arbre de la science ». *(N.T.)*

Le Docteur Jekyll et Mr Hyde, lui fut soudain révélé en rêve.

Je décrirai plus tard, d'une façon plus détaillée, la manière dont ces matériaux émergent de notre inconscient et j'examinerai alors la forme dans laquelle ils s'expriment. Pour le moment je me contenterai de faire remarquer que la faculté qu'a notre psyché d'en produire de si nouveaux est particulièrement significative lorsque l'on veut expliquer le symbolisme des rêves, car mon expérience professionnelle m'a fait constater à maintes reprises que les images et les idées contenues dans les rêves ne peuvent pas être attribuées uniquement à un phénomène de mémoire. Elles expriment de nouvelles pensées qu n'ont jamais encore franchi le seuil de la conscience.

III

La fonction des rêves

J'ai insisté sur les origines de notre vie onirique parce qu'elle est le sol où la plupart des symboles trouvent l'origine de leur croissance. Malheureusement, il est difficile de comprendre les rêves. Comme je l'ai déjà fait remarquer, un rêve ne ressemble en rien à une histoire racontée par l'esprit conscient. Dans la vie quotidienne, on réfléchit à ce que l'on veut exprimer, et on choisit la façon la plus frappante de le dire, en s'efforçant de donner à ses remarques une cohérence logique. Par exemple, une personne cultivée s'efforcera d'éviter une métaphore hétérogène parce qu'elle peut brouiller l'effet de son propos. Mais les rêves ont une texture différente. Le rêveur est assailli d'images qui semblent contradictoires et ridicules, le sens du temps est aboli, et les choses les plus banales peuvent revêtir un aspect enchanteur ou effrayant.

Il peut sembler étrange que l'esprit inconscient

agence ses matériaux d'une façon si différente des schèmes apparemment disciplinés que nous pouvons imposer à nos pensées dans l'état de veille. Pourtant, si l'on prend le temps de se souvenir d'un rêve, le contraste est frappant, et c'est l'une des principales raisons qui rendent au profane les rêves si difficiles à comprendre.

Selon la logique de l'expérience diurne normale, ils n'ont pas de sens et c'est pourquoi on a tendance, soit à n'en pas tenir compte, soit à s'avouer dérouté par eux.

Peut-être ce point deviendra-t-il plus clair si nous commençons par prendre conscience du fait que les idées qui nous occupent pendant notre vie diurne et apparemment disciplinée sont beaucoup moins précises qu'il nous plaît de le croire. Au contraire, leur sens (et leur importance affective pour nous) deviennent de plus en plus imprécis lorsque nous les examinons de près. La raison en est que tout ce que nous avons entendu ou ressenti peut devenir subliminal, c'est-à-dire passer dans l'inconscient. Et même ce que nous retenons dans notre esprit conscient et pouvons reproduire à volonté, a acquis un accompagnement inconscient qui colore l'idée chaque fois qu'elle est rappelée. Nos impressions conscientes, en fait, s'accroissent très rapidement d'un élément de sens inconscient qui a une signification psychique pour nous, bien que nous n'ayons pas conscience de l'existence de ce sens subliminal, ni de la façon dont il amplifie et déforme à la fois le sens conventionnel.

Bien entendu, ces accompagnements inconscients varient d'une personne à l'autre. Chacun de nous reçoit toute notion générale ou abstraite dans le contexte de son esprit propre, et par conséquent la comprend et l'applique d'une façon qui lui est particulière. Quand, dans une conversation, j'utilise des mots comme « état », « argent », « santé » ou « société », je pars de la supposition qu'ils signifient plus ou moins la même chose pour ceux qui m'écoutent. Mais c'est la restriction « plus ou moins », qui importe ici. Chaque mot a un sens légèrement différent pour chaque personne, même lorsqu'il s'agit de personnes ayant le même arrière-plan culturel. La raison de ces variations est qu'une notion générale s'intègre à chaque fois à un contexte singulier, et qu'elle est donc comprise et appliquée d'une manière un peu singulière. Et les variations de sens sont bien entendu d'autant plus marquées que l'expérience sociale, religieuse, politique et psychologique des personnes concernées diffère davantage.

A chaque fois que les concepts sont identiques aux mots, la variation est imperceptible et ne joue aucun rôle pratique. Mais sitôt qu'une définition exacte ou une explication précise deviennent nécessaires, on découvre parfois les variations les plus surprenantes, non seulement dans la compréhension purement intellectuelle du terme, mais plus particulièrement dans la valeur affective qui lui est attribuée, et dans son application. En général, ces variations sont subliminales, et les gens n'en prennent pas conscience.

On peut évidemment rejeter ces différences, en les considérant comme superflues, ou comme des nuances dont on peut se passer parce qu'elles ont peu de rapport avec les besoins de la vie quotidienne. Mais le fait qu'elles existent montre que même les contenus de conscience les plus positifs s'entourent d'une frange d'ombre et d'incertitude. Même le concept philosophique ou mathématique le plus rigoureusement défini, dont nous avons la conviction qu'il ne contient que ce que nous y avons mis, est néanmoins plus que nous ne supposons. C'est un événement psychique, et en tant que tel, partiellement inconnaissable. Les nombres même que nous utilisons pour compter sont plus qu'on ne croit. Ils sont en même temps des éléments mythologiques. (Les Pythagoriciens les considéraient comme divins.) Mais nous n'en avons pas conscience quand nous les utilisons dans un but purement pratique.

En bref, chaque concept de notre conscience possède ses propres associations psychiques. Si de telles associations varient en intensité (selon l'importance relative de ce concept dans le cadre de notre personnalité totale, ou selon la nature des autres idées et même des complexes qui lui sont associés dans notre inconscient), il peut arriver qu'elles aillent jusqu'à modifier le caractère « normal » du concept. Il peut même se transformer en quelque chose de tout à fait différent au fur et à mesure qu'il s'enfonce en dessous du seuil de la conscience. Les aspects subliminaux de tout ce qui nous arrive jouent apparemment un très petit rôle dans notre vie quotidienne. Mais dans l'analyse des rêves où le psychologue a affaire à des expressions de l'inconscient, ils deviennent très importants, car ils sont les racines, presque invisibles, de nos pensées conscientes. C'est pourquoi des objets ou des idées courantes peuvent acquérir dans le rêve une signification psychologique si forte que nous nous éveillons profondément troublés, alors que nous avons rêvé de quelque chose de très ordinaire : d'une chambre fermée à clef, ou d'un train manqué.

Les images de nos rêves sont beaucoup plus pittoresques et frappantes que les concepts ou les expériences qui sont leur contrepartie dans la vie diurne. Une des raisons en est que dans le rêve, ces concepts peuvent exprimer leur sens inconscient. Dans nos pensées conscientes nous nous en tenons alors aux limites des affirmations rationnelles, qui ont beaucoup moins de couleur, car nous les avons dépouillées de la majorité de leurs associations psychiques.

Je me souviens d'un rêve que j'ai fait, et que j'ai trouvé difficile à interpréter. Dans ce rêve, un certain homme essayait d'approcher de moi par-derrière, et de sauter sur mon dos. Je ne savais rien de cet homme sinon qu'il s'était emparé d'une remarque que j'avais faite et en avait déformé le sens jusqu'à le rendre grotesque. Mais je ne pouvais pas voir de rapport entre ce fait, et la tentative de me sauter sur le dos. Toutefois, il m'est souvent arrivé dans ma vie professionnelle, que quelqu'un dénature mes paroles, si souvent que je n'ai guère pris la peine de me demander si cela me mettait en colère ou non. De fait, nous avons intérêt à garder un contrôle conscient de nos réactions émotionnelles. Et c'était là, je m'en rendis bientôt compte, le sens de mon rêve. Un dicton autrichien y était apparu sous forme d'image visuelle. L'expression, banale en Autriche, *Du kannst mir auf den Buckel steigen* (tu peux me monter sur le dos), signifie en effet : « Peu m'importe ce que tu dis de moi. »

On pourrait dire qu'un tel rêve est symbolique, car il ne représentait pas la situation d'une façon directe, mais indirecte, au moyen d'une métaphore dont le sens d'abord m'avait échappé. Quand ceci se produit, ce qui arrive fréquemment, il ne s'agit pas d'un travestissement délibérément emprunté par le rêve. Cela résulte simplement de la difficulté que nous éprouvons en général à saisir le contenu affectif du langage imagé. Dans la vie quotidienne, en effet, nous avons besoin d'exposer les choses aussi exactement que possible, et nous avons appris à rejeter les ornements de la fantaisie à la fois dans notre langage et notre pensée, en perdant du même coup une qualité toujours caractéristique de la mentalité primitive. La plupart d'entre nous ont repoussé dans l'inconscient toutes les associations psychiques bizarres attachées à chaque idée ou à chaque chose. Le primitif, lui, a encore conscience de ces propriétés psychiques ; il attribue aux animaux, aux plantes, aux pierres des pouvoirs qui nous paraissent étranges et inacceptables.

Un habitant de la jungle africaine, par exemple, voit le jour un animal nocturne, et le reconnaît comme une incarnation temporaire du guérisseur, du sorcier. Ou il peut le considérer comme l'âme de la brousse, la *bush soul*, ou l'esprit d'un des ancêtres de sa tribu. Un arbre peut jouer un rôle décisif dans la vie d'un primitif, comme s'il contenait en dépôt son âme et sa voix, et l'homme aura l'impression que leurs sorts sont liés. Des Indiens de l'Amérique du Sud affirment qu'ils sont des Aras rouges, des perroquets, bien qu'ils se rendent parfaitement compte qu'ils n'ont ni plumes, ni ailes, ni bec. Car dans l'univers du primitif les choses ne sont pas séparées par des frontières aussi rigoureuses que celles de nos sociétés « rationnelles ».

Nous vivons dans un monde « objectif », et nous l'avons dépouillé de ce que les psychologues appellent l'identité psychique, ou la « participation mystique ». Mais c'est précisément ce halo d'associations inconscientes qui donne son aspect coloré et fantastique à l'univers du primitif. Nous en avons perdu conscience au point que nous ne le reconnaissons pas lorsque nous le découvrons chez les autres. Chez nous, ces phénomènes restent au-dessous du seuil de conscience, et lorsque par hasard ils se manifestent, nous allons jusqu'à vouloir qu'il se passe quelque chose d'anormal.

Il m'est arrivé plus d'une fois que des personnes cultivées, intelligentes, viennent me consulter à propos de rêves étrangers, d'imaginations, ou même de visions, qui les avaient profondément choquées. Elles ont supposé que de telles choses ne pouvaient pas arriver à un homme sain d'esprit, et que si l'on a réellement des visions, il faut que l'on souffre d'un trouble pathologique. Un théologien m'a dit une fois que les visions d'Ézéchiel n'étaient que des symptômes morbides, et que, lorsque Moïse et les autres prophètes entendaient des « voix » leur parler, ils souffraient d'hallucinations. Vous imaginez quelle fut la panique de cet homme quand un phénomène de ce genre lui arriva « spontanément », à lui. Nous sommes si accoutumés à la nature apparemment rationnelle de notre monde que nous pouvons à peine imaginer qu'il s'y produise quelque chose que le bon sens ne suffise pas à expliquer. L'homme primitif, exposé à un choc de ce genre, ne douterait pas de sa santé mentale : il songerait à des fétiches, des esprits, des dieux.

Et pourtant, les émotions qui nous affectent sont tout à la fois les mêmes. En fait, les angoisses

qui naissent de l'édifice de notre civilisation peuvent être bien plus terrifiantes que celles que les
primitifs attribuent aux démons. L'attitude de
l'homme civilisé moderne me rappelle parfois un
sujet psychotique, lui-même médecin, que j'ai eu
dans ma clinique. Un matin où je lui demandais
comment il allait, il me répondit qu'il avait passé
une nuit merveilleuse à désinfecter les cieux au
chlorure de mercure, mais qu'au cours de ce net-
toyage radical, il n'avait rencontré aucune trace de
Dieu. Ceci est une névrose, et peut-être quelque
chose de pire. Au lieu de Dieu, ou de la « crainte de
Dieu », nous trouvons une névrose d'angoisse ou
une sorte de phobie. L'émotion est restée la même,
mais son objet a changé à la fois de nom et de
nature, et cela pour le pire. Je me rappelle un
professeur de philosophie qui est venu un jour me
consulter à propos d'une phobie qu'il avait du
cancer. Il souffrait de la conviction obsédante qu'il
avait une tumeur maligne, bien que rien de cette
sorte n'eût jamais été découvert au cours de dou-
zaines de radiographies. « Oh, je sais bien qu'il n'y
a rien », me disait-il. « Mais il pourrait y avoir
quelque chose. » Qu'est-ce qui lui avait mis cette
idée en tête ? Elle provenait manifestement d'une
peur qui ne devait rien à la volonté consciente. La
pensée morbide le submergeait soudain et possédait un pouvoir propre qu'il ne parvenait pas à
contrôler. Il était beaucoup plus difficile pour cet
homme cultivé de faire un aveu de cette sorte qu'il

n'eût été pour le primitif de se déclarer hanté par un fantôme. L'influence maligne de mauvais esprits est du moins une hypothèse admissible dans le cas d'une mentalité primitive, mais c'est un choc considérable pour une personne civilisée que de devoir reconnaître que les maux dont elle souffre sont dus à une force stupide de l'imagination. Le phénomène primitif d'*obsession* n'a nullement disparu ; il est resté le même. Mais il est interprété d'une façon différente, plus nuisible pour l'esprit. J'ai fait plusieurs comparaisons de cette sorte entre l'homme civilisé et le primitif. De telles comparaisons, comme je le montrerai plus tard, sont essentielles pour comprendre la tendance de l'homme à créer des symboles, et le rôle que jouent les rêves dans leur expression. Car on trouve dans beaucoup de rêves, des images et des associations analogues aux idées, aux mythes et aux rites des primitifs. Ces images oniriques ont été appelées par Freud des « résidus archaïques ». L'expression suggère qu'elles sont des éléments psychiques datant de temps lointains qui survivent dans l'esprit de l'homme. Ce point de vue est caractéristique de l'attitude de ceux qui considèrent l'inconscient comme une pure annexe de la conscience (ou, avec plus de pittoresque, comme une poubelle qui recueille tout ce dont la conscience ne veut pas).

Un examen plus approfondi m'a amené à penser qu'une telle attitude est indéfendable, et qu'il fallait la rejeter. J'ai constaté que les associations et les images de cette sorte font partie intégrante de l'inconscient, et qu'on les trouve partout, que le rêveur soit cultivé ou analphabète, intelligent ou stupide. Elles ne sont en aucune façon des résidus morts ou dénués de sens. Elles ont une fonction qui leur « est propre » et une valeur particulière en raison précisément de leur caractère « historique ». Elles constituent un pont entre la manière dont nous exprimons notre pensée de façon consciente, et un mode d'expression plus primitif, plus coloré, plus imagé. De plus ce mode d'expression s'adresse directement à nos sentiments et à nos émotions. Ces associations « historiques » sont le lien entre l'univers rationnel de la conscience, et le monde de l'instinct.

J'ai déjà parlé du contraste intéressant qu'il y a entre les pensées « contrôlées » de notre vie éveillée et la richesse des images que nous proposent nos rêves. Vous pouvez maintenant apercevoir une autre raison de cette différence : dans notre monde civilisé, nous avons dépouillé tant d'idées de leur énergie affective, qu'elles ne provoquent plus en nous de réactions. Nous les employons dans nos discours, nous réagissons d'une façon convention-nelle quand d'autres les emploient mais elles ne font en nous aucune impression profonde. Il faut davantage pour faire pénétrer en nous certaines choses assez efficacement pour nous amener à modifier une attitude ou un comportement. Et c'est ce qui se passe dans le langage onirique : son symbolisme a tant d'énergie psychique que nous sommes obligés d'y prêter attention.

Une femme, par exemple, était réputée pour la stupidité de ses préjugés, et sa résistance obstinée à tout argument raisonnable. On aurait pu discuter avec elle une nuit entière sans résultat. Elle n'y aurait pas fait la moindre attention. Ses rêves, toutefois, employaient un langage tout différent. Une nuit, elle rêva qu'elle assistait à une importante réunion mondaine. L'hôtesse l'accueillit en lui disant : « Comme c'est gentil à vous d'être venue. Tous vos amis sont là et vous attendent. » Elle l'accompagna ensuite jusqu'à la porte et l'ouvrit. La dame franchit le seuil et pénétra... dans une étable.

Ce langage onirique était assez simple pour être compris par l'esprit le plus obtus. La femme se refusa d'abord à admettre le sens d'un rêve qui l'atteignait si directement dans son amour-propre. Mais son message néanmoins fut compris, et après un certain temps, elle dut l'accepter parce qu'elle ne put s'empêcher de sentir la raillerie qu'elle s'était infligée à elle-même.

De tels messages de l'inconscient sont d'une importance plus grande qu'on ne le croit en général. Dans notre vie consciente, nous sommes exposés à toutes sortes d'influences. Autrui nous stimule ou nous déprime, les événements de notre vie professionnelle ou sociale détournent notre attention. Cela peut nous inciter à nous engager dans des voies qui ne conviennent pas à notre individualité. Que nous nous en rendions compte ou non, notre conscience est constamment troublée par de tels incidents, et exposée presque sans défense contre eux. Cela est particulièrement vrai pour les personnes extraverties, qui s'attachent entièrement au monde extérieur, ou celles qui entretiennent un sentiment d'infériorité, et ont des doutes concernant leur personnalité profonde.

Plus la conscience se trouve influencée par des préjugés, des erreurs, des fantasmes, et des désirs puérils, plus s'élargit le fossé déjà existant jusqu'à la dissociation névrotique, amenant une vie plus ou moins artificielle, très éloignée des instincts normaux, de la nature et de la vérité.

La fonction générale des rêves est d'essayer de rétablir notre équilibre psychologique à l'aide d'un matériel onirique qui, d'une façon subtile, reconstitue l'équilibre total de notre psychisme tout entier. C'est ce que j'appelle la fonction complémentaire (ou compensatrice) des rêves dans notre constitution psychique. Cela explique pourquoi ceux qui manquent de réalisme ou qui ont une trop bonne opinion d'eux-mêmes, ou qui font des projets grandioses sans rapports avec leurs capacités réelles, rêvent qu'ils volent ou qu'ils tombent. Le rêve compense les déficiences de leur personnalité et en même temps il les avertit du danger de leur démarche. Si l'on ne tient pas compte de ces avertissements, de véritables accidents peuvent se produire. Le sujet peut tomber dans les escaliers ou avoir un accident de voiture.

Je me souviens d'un homme qui était inextricablement empêtré dans toute une série d'affaires louches. Il conçut une passion presque morbide pour les formes les plus dangereuses d'alpinisme, comme une sorte de compensation. Il cherchait à « se dépasser lui-même ». Dans un rêve, une nuit, il se vit dépassant le sommet d'une haute montagne et mettant le pied dans le vide. Quand il me raconta son rêve, je vis aussitôt le danger qu'il courait et j'essayai de donner encore plus de poids à la mise en garde, pour le convaincre de se modérer. J'allai même jusqu'à lui dire que son rêve présageait sa mort dans un accident de montagne. En vain. Six mois plus tard, il « mit le pied dans le vide ». Un guide l'observait alors que lui et un ami se laissaient descendre au long d'une corde dans un endroit difficile. L'ami avait momentanément pris pied sur une corniche, et le rêveur le suivait. Soudain, il lâcha la corde, selon les propres termes du guide, « comme s'il sautait dans le vide ». Il tomba sur son ami, l'entraîna dans sa chute et tous deux furent tués.

Un autre cas typique est celui d'une femme qui menait une vie trop ambitieuse. A l'état de veille, elle était hautaine et autoritaire, mais elle faisait des rêves choquants, qui lui rappelaient toutes sortes de choses déplaisantes. Quand je les lui révélai, elle refusa avec indignation de les admettre. Les rêves devinrent plus menaçants, et pleins de références aux promenades qu'elle avait l'habitude de faire seule dans les bois où elle se livrait à des rêveries sublimes. Je vis le danger qu'elle courait, mais elle refusa d'écouter mes avertissements. Peu de temps après, elle fut sauvagement attaquée dans les bois par un pervers sexuel. Sans l'intervention de quelques personnes qui entendirent ses cris, elle eût été tuée.

Il n'y avait en cela aucune magie. Ses rêves m'avaient révélé que cette femme désirait secrètement qu'une telle mésaventure lui arrivât, tout comme l'alpiniste cherchait inconsciemment la satisfaction de trouver une issue définitive à ses difficultés. Très évidemment, ni l'un, ni l'autre ne s'attendaient à payer leurs désirs d'un prix aussi lourd. Elle eut plusieurs os brisés, lui y perdit la vie.

Les rêves, donc, peuvent quelquefois annoncer certaines situations bien avant qu'elles ne se produisent. Ce n'est pas nécessairement un miracle, ou une prophétie. Beaucoup de crises, dans notre vie, ont une longue histoire inconsciente. Nous nous acheminons vers elles pas à pas, sans nous rendre compte du danger qui s'accumule. Mais ce qui échappe à notre conscience est souvent perçu par notre inconscient, qui peut nous transmettre l'information au moyen du rêve.

Les rêves nous adressent souvent des avertissements de cette sorte. Mais il arrive tout aussi souvent qu'ils ne contiennent aucune mise en garde. C'est pourquoi supposer qu'ils constituent une sorte de main bienveillante qui nous retiendrait à temps ne paraît guère justifié. A exprimer les choses d'une façon plus positive, il semble que de temps en temps ils soient inspirés par une intention bienveillante, et de temps en temps non. La main mystérieuse peut même désigner des pièges, ou paraissant l'être. Ils agissent quelquefois comme l'Oracle de Delphes, qui dit au roi Crésus que s'il traversait le Halys il détruirait un grand royaume. Et ce ne fut qu'après avoir subi une défaite totale que le malheureux comprit que le royaume en question était le sien.

On ne peut pas se permettre d'être naïf dans l'étude des rêves. Ils naissent dans un esprit qui n'est pas tout à fait humain, mais ressemble plutôt à un murmure de la nature, l'esprit d'une belle et généreuse, mais aussi d'une cruelle déesse. Si nous voulons caractériser cet esprit, nous nous en rapprocherons certainement davantage en nous tournant vers les mythologies anciennes ou le monde fabuleux de la forêt primitive, qu'en considérant la conscience de l'homme moderne. Je ne nie nullement les grandes conquêtes que nous a apportées l'évolution de la société civilisée. Mais ces conquêtes se sont effectuées au prix d'énormes pertes, dont nous commençons à peine à entrevoir l'étendue. Les comparaisons que j'ai faites entre la

mentalité primitive et la mentalité de l'homme
civilisé avaient partiellement pour but de montrer
comment se soldent les gains et les pertes.

L'homme primitif était bien plus gouverné par
ses instincts que ne l'est l'homme « rationnel », son
descendant, qui a appris à se « contrôler ». Dans le
processus de civilisation nous avons élevé une
cloison toujours plus hermétique entre notre conscience et les couches instinctives plus profondes de
la psyché et nous l'avons même, finalement, coupée de la base somatique des phénomènes psychiques. Heureusement, nous n'avons pas perdu ces
couches instinctives fondamentales. Elles font, à
demeure, partie de l'inconscient, bien qu'elles ne
puissent plus s'exprimer autrement que par le
langage des images oniriques. Ces phénomènes
instinctifs, qu'on ne reconnaît pas toujours pour
tels car ils se manifestent sous une forme symbolique, jouent un rôle vital dans ce que j'ai appelé la
fonction de compensation des rêves.

Pour sauvegarder la stabilité mentale, et même
la santé physiologique, il fait que la conscience et
l'inconscient soient intégralement reliés, afin
d'évoluer parallèlement. S'ils sont coupés l'un de
l'autre, ou « dissociés », il en résulte des troubles
psychologiques. A cet égard, les symboles de nos
rêves sont les messagers indispensables qui trans-
mettent les informations de la partie instinctive à
la partie rationnelle de l'esprit humain, et leur
interprétation enrichit la pauvreté de la cons-

cience, en sorte qu'elle apprend à comprendre de nouveau le langage oublié des instincts.

Bien entendu, il est inévitable que les gens mettent en doute cette fonction, puisque ses symboles passent si souvent inaperçus ou incompris de nous. Dans la vie normale, la compréhension des rêves est souvent considérée comme superflue. Je peux en donner pour exemple l'expérience que j'ai faite dans une tribu primitive de l'Afrique orientale. A mon grand étonnement, les membres de cette tribu nièrent qu'ils fissent des rêves. Mais au cours de conversations patientes et indirectes, je découvris bientôt qu'ils rêvaient tout autant que n'importe qui, mais qu'ils étaient convaincus que leurs rêves n'avaient pas de sens. « Les rêves des hommes ordinaires ne veulent rien dire », affirmèrent-ils. Ils pensaient que les seuls rêves qui eussent de l'importance étaient ceux des chefs et des sorciers. Ceux-là, qui concernaient la prospérité de la tribu, avaient une très grande valeur à leurs yeux. Le malheur voulait que le chef de la tribu et le sorcier prétendissent l'un et l'autre qu'ils n'avaient plus que des rêves dénués de sens. Ils faisaient remonter le phénomène à l'époque où les Britanniques étaient venus s'installer dans le pays. Le chef de district, c'est-à-dire le fonctionnaire britannique chargé de s'occuper de cette tribu avait à leurs yeux assumé la fonction de rêver ces rêves privilégiés sur lesquels la tribu avait jusqu'alors réglé son comportement.

Lorsque les hommes de cette tribu admirent qu'ils avaient des rêves, mais les croyaient dénués de sens, ils agissaient comme l'homme moderne qui croit que le rêve n'a pas d'importance pour lui simplement parce qu'il ne le comprend pas. Mais même un homme civilisé peut remarquer à l'occasion qu'un rêve, dont il ne se souvient peut-être plus, peut modifier favorablement ou défavorablement son humeur. Le rêve a été saisi, mais d'une façon subliminale. Et c'est ce qui se produit le plus habituellement. Ce n'est qu'exceptionnellement, lorsqu'un rêve est particulièrement impressionnant, ou revient à des intervalles réguliers, que les gens en désirent une interprétation.

Il faut que j'ajoute ici un mot de mise en garde contre l'analyse inintelligente ou incompétente des rêves. Il y a des gens si déséquilibrés mentalement, qu'il est très dangereux d'interpréter leurs rêves. Dans un tel cas, une conscience très unilatérale se trouve coupée d'un inconscient irrationnel ou « dément » en proportion et l'on ne doit pas les mettre en contact sans précautions spéciales.

Plus généralement, il est tout à fait stupide de croire qu'il existe des guides préfabriqués et systématiques pour interpréter les rêves, comme si l'on pouvait acheter tout simplement un ouvrage à consulter et y trouver la traduction d'un symbole donné. Aucun symbole apparaissant dans un rêve ne peut être abstrait de l'esprit individuel qui le rêve, et il n'y a pas d'interprétation déterminée et directe des rêves. La façon dont l'inconscient complète ou compense la conscience varie tellement d'un individu à l'autre qu'il est impossible d'établir dans quelle mesure on peut classifier les rêves et leurs symboles.

Il est vrai qu'il existe des rêves et des symboles isolés (que je préférerais appeler des « motifs ») qui sont typiques, et reviennent souvent. Parmi ces motifs, on trouve la chute, le vol, les rêves où l'on est poursuivi par des animaux sauvages ou des hommes hostiles, où l'on est insuffisamment ou absurdement vêtu dans des endroits publics, où l'on est pressé, ou perdu dans une foule tournoyante, ceux où l'on se bat avec des armes inutilisables ou sans pouvoir se défendre, ceux où l'on court sans arriver nulle part. Un rêve typique de l'enfance est celui où le rêveur devient infiniment petit ou infiniment grand, ou passe de l'un à l'autre des deux extrêmes, comme, par exemple, dans *Alice au Pays des Merveilles*. Mais je dois souligner de nouveau que ces motifs doivent être considérés dans le contexte du rêve, et non pas comme les chiffres d'un code qui s'expliquent d'eux-mêmes.

Le rêve récurrent est un phénomène digne de remarque. Il y a des cas où des personnes ont eu le même rêve depuis leur enfance jusqu'à leur vieillesse. Un rêve de cette sorte est en général un effort pour compenser un défaut particulier de l'attitude du rêveur à l'égard de la vie. Ou encore il peut remonter à un traumatisme qui a marqué l'individu de quelque cicatrice caractéristique. Il peut aussi anticiper sur quelque événement important à venir.

J'ai moi-même rêvé un même motif pendant plusieurs années, dans lequel je découvrais une partie de ma maison dont j'ignorais l'existence. Quelquefois, il s'agissait des appartements de mes parents, morts depuis longtemps, dans lesquels mon père, à ma grande surprise avait un laboratoire où il étudiait l'anatomie comparée des poissons et ma mère un hôtel pour visiteurs fantômes. D'habitude, cette aile inconnue de ma maison était un ancien édifice historique, depuis longtemps oublié, dont j'étais propriétaire par héritage. Il s'y trouvait des meubles anciens intéressants, et vers la fin de cette série de rêves, je découvris une vieille bibliothèque dont les livres m'étaient inconnus. Finalement, dans le dernier rêve, j'ouvris un de ces livres, et j'y trouvai une profusion de merveilleuses images symboliques. Quand je m'éveillai mon cœur battait d'émotion.

Quelque temps avant d'avoir ce dernier rêve, j'avais commandé à un libraire un des recueils classiques d'alchimistes du Moyen Age. J'avais trouvé une citation dans une œuvre dont je pensais qu'elle était peut-être en relation avec l'alchimie byzantine, et que je voulais vérifier. Plusieurs semaines après avoir rêvé du livre inconnu, je reçus un paquet du libraire. Il contenait un volume en parchemin datant du XVIe siècle qui était illustré par de fascinantes images symboliques qui me rappelèrent aussitôt celles de mon rêve. Comme la redécouverte des principes de l'alchimie était devenue une partie importante de mon travail en tant que pionnier de la psychologie, le motif de mon rêve récurrent est facile à comprendre. La maison, bien entendu, était le symbole de ma personnalité et de son champ conscient d'intérêts. Et l'aile inconnue représentait une anticipation d'un nouveau champ d'intérêt et de recherches qui échappait encore à ma conscience. Depuis ce moment, il y a trente ans, je n'ai plus jamais fait ce rêve.

IV

L'analyse des rêves

J'ai commencé cette étude en soulignant la différence entre un signe et un symbole. Le signe est toujours moins que le concept qu'il représente, alors que le symbole renvoie toujours à un contenu plus vaste que son sens immédiat et évident. En outre, les symboles, sont des produits naturels et spontanés. Aucun génie n'a jamais pris une plume ou un pinceau en se disant : maintenant, je vais inventer un symbole. Personne ne peut prendre une pensée plus ou moins rationnelle, constituant la conclusion logique du raisonnement, ou créée délibérément, et lui donner ensuite une forme « symbolique ». De quelque déguisement qu'on l'affuble, si fantastique soit-il, une telle idée demeurera toujours un signe, rattaché à la pensée consciente qu'il signifie, et non un symbole qui suggère quelque chose qui n'est pas encore connu. Dans les rêves, les symboles se présentent spontanément, car le rêve est un événement, et non une invention.

Ils sont donc la source principale où nous puisons notre connaissance du symbolisme.

Mais je dois souligner que les symboles n'apparaissent pas seulement dans les rêves. Ils interviennent dans toutes sortes de manifestations psychiques. Il y a des pensées et des sentiments symboliques, des actes et des situations symboliques. Il semble souvent que même les objets inanimés coopèrent avec l'inconscient dans la création de formes symboliques. Il y a de nombreuses histoires, dignes de foi, de pendules qui s'arrêtent au moment de la mort de leur propriétaire : ainsi celle de Frédéric le Grand à Sans-Souci. D'autres exemples très répandus sont celui du miroir qui se brise, du tableau qui tombe, quand un décès survient. Ou des bris d'objets divers, moins frappants mais inexpliqués, dans une maison dont un habitant passe par une crise affective. Mais si le sceptique se refuse à croire à de telles histoires, elles resurgissent toujours, et cela seul suffit à prouver leur importance psychologique.

Il y a beaucoup de symboles toutefois, et parmi eux les plus importants, qui ne sont pas individuels mais collectifs, à la fois dans leur nature et leur origine. Ce sont surtout des images religieuses. Le croyant leur attribue une origine divine, et les considère comme issues d'une révélation. Le sceptique affirme qu'elles ont été inventées. L'un et l'autre ont tort. Il est vrai, comme le remarque le sceptique, que les symboles et les concepts reli-

gieux ont été pendant des siècles l'objet d'une
élaboration minutieuse et très consciente. Il est
également vrai, comme l'entend le croyant, que
leur origine nous fait remonter si loin dans le
mystère du passé qu'ils semblent n'avoir pas d'origine humaine. Mais ils sont en fait des « représentations collectives », émanant des rêves et de l'imagination créatrice primitifs. En tant que tels, ils
sont des manifestations involontaires, spontanées,
qui ne doivent rien à l'invention délibérée.

Ce fait, comme je l'expliquerai plus tard, a une
influence directe et importante sur l'interprétation
des rêves. Il est évident que si l'on suppose qu'un
rêve est symbolique, on l'interprétera autrement
que la personne qui suppose qu'il emprunte sa
force essentielle à une pensée ou à une émotion,
déjà connue et simplement travestie par le rêve.
Dans ce dernier cas, il n'y aurait pas beaucoup de
sens à interpréter un rêve, puisque l'on n'y trouve
que ce que l'on sait déjà.

C'est pour cette raison que j'ai toujours dit à mes
élèves : « Apprenez le plus de choses possibles sur
le symbolisme. Puis oubliez tout ce que vous avez
appris lorsque vous analysez un rêve. » Ce conseil
est d'une telle importance pratique que je me suis
imposé de toujours me dire que je ne comprenais pas suffisamment le rêve d'autrui pour pouvoir l'interpréter correctement. Je l'ai fait afin de
contenir le flot de mes propres associations et
réactions, en sorte de ne pas les substituer aux

incertitudes et aux hésitations du malade. Comme il est de la plus grande importance thérapeutique pour un analyste de bien saisir le message particulier d'un rêve (c'est-à-dire la contribution apportée par l'inconscient à la conscience), il est essentiel pour lui d'en explorer le contenu avec la plus extrême minutie.

J'eus un rêve, à l'époque où je travaillais avec Freud, qui illustre bien ce point particulier. Je rêvai que j'étais « chez moi » apparemment au premier étage, dans un agréable et confortable salon meublé dans le style du xviiie siècle. Je fus étonné de n'avoir jamais vu cette pièce auparavant et je commençai à me demander à quoi ressemblait le rez-de-chaussée. Je descendis, et je découvris que les pièces étaient plutôt sombres, aux murs recouverts de boiseries, avec des meubles massifs datant du xvie siècle ou même d'une période antérieure. Ma surprise et ma curiosité s'accrurent. Je voulais voir l'architecture totale de la maison. Je descendis dans la cave où je trouvai une porte donnant sur un escalier, qui menait à une vaste pièce voûtée. Elle était pavée de grandes pierres, et les murs semblaient très anciens. J'examinai le mortier, et je découvris qu'il était mélangé d'éclats de briques. Manifestement les murs étaient d'origine romaine. Ma curiosité ne cessait de croître. Dans un coin, je vis un anneau de fer fixé à une dalle. Je la soulevai, et je vis un autre escalier très étroit menant à une sorte de caveau, qui ressemblait à une tombe préhistorique, contenant deux crânes, quelques os, et des fragments de poterie. Et je me réveillai.

Si Freud, lorsqu'il analysa ce rêve, avait suivi ma méthode consistant à explorer les associations qui s'y rapportent directement, et son contexte, il eût entendu une très longue histoire. Mais j'ai bien peur qu'il l'eût écartée en la considérant comme une simple tentative d'échapper à un problème qui était en réalité le sien. Le rêve était en fait un résumé de ma vie, et plus particulièrement, de l'évolution de mon esprit. J'ai grandi dans une maison vieille de deux cents ans, nos meubles dataient pour la plupart d'il y a trois cents ans, et intellectuellement ma grande aventure spirituelle avait été la lecture de Kant et de Schopenhauer. Le grand événement du jour était l'œuvre de Charles Darwin. Peu de temps auparavant, je vivais encore dans l'univers médiéval de mes parents, aux yeux desquels le monde et les hommes étaient régis par l'omnipotence et la providence divines. Ce monde était désormais archaïque et périmé. Ma foi chrétienne avait perdu son caractère absolu par la découverte des religions orientales et de la philosophie grecque. C'est pourquoi le rez-de-chaussée de ma maison était si sombre, si silencieux et manifestement inhabité.

L'intérêt que m'inspirait l'Histoire, avait été éveillé par l'étude de l'anatomie comparée et de la paléontologie, pendant que j'étais assistant à l'Institut d'Anatomie. J'étais fasciné par les ossements de l'homme fossile, particulièrement par l'homme de Néanderthal, autour duquel on discutait beaucoup et par le crâne du Pithécanthrope de Dubois, qui était l'objet de controverses plus violentes encore. En fait, c'étaient là des associations réelles de mon rêve. Mais je n'osai pas parler de crânes, de squelettes ou de cadavres à Freud car l'expérience m'avait appris que ces thèmes lui étaient désagréables. Il nourrissait l'idée singulière que j'escomptais sa mort prématurée. Il était arrivé à cette conclusion à la suite de l'intérêt que j'avais montré pour les momies du Bleikeller de Brême, que nous visitâmes ensemble en 1909 en allant prendre le bateau pour l'Amérique.

C'est ainsi que j'hésitai à exprimer mes propres pensées, du fait qu'à la suite d'une expérience récente, j'étais demeuré frappé par le fossé presque infranchissable séparant le point de vue et les bases de Freud des miens. J'avais peur de perdre son amitié si je lui révélais mon propre monde intérieur, qui, je le supposais, lui aurait paru très bizarre. N'étant pas absolument sûr de ma psychologie, je lui dis presque automatiquement un mensonge concernant mes « libres associations » afin de n'avoir pas à entreprendre la tâche impossible de lui faire comprendre ma constitution psychique très personnelle et totalement différente de la sienne.

Je dois prier le lecteur de m'excuser de m'être attardé ainsi sur l'embarras où je me suis trouvé pour avoir parlé à Freud de mon rêve. Mais c'est un bon exemple des difficultés auxquelles on se heurte dans l'analyse effective d'un rêve, tellement comptent les différences existant entre la personnalité de l'analyste et celle de l'analysé.

Je me rendis compte bientôt que Freud cherchait en moi quelque « désir inavouable ». Et cela m'amena à suggérer que les crânes dont j'avais rêvé constituaient peut-être une référence à certains membres de ma famille, dont pour une raison ou pour une autre, je désirais la mort. Cette supposition eut toute son approbation, mais moi, je ne fus pas satisfait de cette solution truquée.

Pendant que je cherchais une réponse convenable aux questions de Freud, je fus soudain troublé par une intuition concernant le rôle que le facteur subjectif joue dans la compréhension psychologique. Cette intuition était si forte, que je n'eus plus qu'une idée, me sortir au plus vite de cette situation inextricable, ce que je fis par le moyen facile du mensonge. Ce n'était pas élégant, et moralement indéfendable, mais si je ne l'avais pas fait, je risquais une brouille définitive avec Freud, et ne m'en sentais pas capable pour beaucoup de raisons.

Mon intuition était la compréhension soudaine et inattendue que mon rêve avait pour sens *moi-même*, *ma* vie et *mon* univers, opposant ma réalité à une structure théorique bâtie par un esprit étranger au mien, pour des raisons et des buts qui lui étaient propres. Ce n'était pas le rêve de Freud. C'était le mien. Et dans un éclair, je compris son message.

Ce conflit illustre un point essentiel de l'analyse des rêves. C'est moins une technique que l'on peut apprendre et appliquer ensuite en suivant des règles qu'un échange dialectique entre deux personnalités. Si on traite cette analyse comme une technique mécanique, la personnalité psychique du rêveur dans son individualité n'a pas la possibilité de se manifester, et le problème thérapeutique est réduit à cette simple question : qui, de l'analyste ou du rêveur, dominera l'autre ? J'ai renoncé à pratiquer l'hypnose pour cette raison précise ; je ne voulais pas imposer ma propre volonté à autrui. Je désirais que le processus de guérison naquît de la personnalité propre du malade, et non pas de suggestions faites par moi, dont l'effet eût été passager. Mon but était de protéger et de maintenir intactes la dignité et la liberté de mon malade, afin qu'il pût façonner sa vie selon ses propres désirs. Dans cet échange avec Freud, il m'apparut pour la première fois qu'avant de construire des théories générales sur l'homme et sa psyché, il nous fallait d'abord beaucoup mieux connaître les êtres humains réels auxquels nous avons affaire.

L'individu est la seule réalité. Plus nous nous en écartons, plus nous lui substituons des idées abstraites sur l'*Homo Sapiens*, plus nous risquons de nous tromper. En ce siècle de bouleversements sociaux et de changements rapides, il est désirable d'en savoir beaucoup plus sur les êtres humains pris individuellement que nous ne le faisons, car beaucoup dépend des qualités mentales et morales de chacun d'eux. Pourtant, si nous voulons voir les choses dans leur juste perspective, il nous faut comprendre le passé de l'homme aussi bien que son présent. C'est pourquoi la compréhension des mythes et des symboles est essentielle.

V

Le problème des types psychologiques

Dans toutes les autres disciplines scientifiques, il est légitime d'appliquer une hypothèse à un sujet impersonnel. La psychologie toutefois nous confronte avec les relations vécues de deux individus dont aucun ne peut être dépouillé de sa personnalité subjective, ni dépersonnalisé d'aucune autre façon. L'analyste et le malade peuvent bien convenir qu'ils traiteront d'un problème donné d'une façon impersonnelle et objective. Il n'en restera pas moins qu'une fois la discussion engagée, leurs deux personnalités vont y être totalement impliquées. A ce point, ils ne peuvent progresser qu'autant qu'ils arrivent à un accord mutuel.

Est-il possible d'émettre un jugement objectif sur le résultat final ? Seulement si nous comparons les conclusions auxquelles nous, nous sommes arrivés et les normes généralement valables dans le milieu social du sujet considéré. Même alors, il nous faut tenir compte de l'équilibre mental (de la santé mentale) de l'individu en question. Car le résultat ne peut pas être un nivellement collectif des individualités pour les adapter aux normes de leur société, cela conduirait à un état tout à fait artificiel. Dans une société saine et normale, il est habituel que les gens soient en désaccord, car il est relativement rare qu'un accord général s'établisse, sitôt que l'on sort du domaine des instincts. Si le désaccord est un véhicule de la vie mentale dans une société, on ne saurait pourtant le considérer comme une fin en soi. L'accord est aussi important. Et parce que la psychologie, fondamentalement, repose sur l'équilibre des contraires, aucun jugement ne peut être considéré comme définitif si l'on n'a pas pris en considération son contraire. La raison de cette particularité réside dans le fait qu'il n'y a aucun point de vue se situant au-dessus ou en dehors de la psychologie d'où nous pourrions porter un jugement définitif sur la nature de la psyché.

En dépit du fait que les rêves doivent être considérés individuellement, certaines généralités sont nécessaires si l'on veut classifier et clarifier les matériaux amassés par le psychologue lorsqu'il étudie nombre d'individus. Il serait manifestement impossible de formuler aucune théorie psychologique, à plus forte raison de l'enseigner, si l'on se limitait à décrire un très grand nombre de cas particuliers sans tenter de voir ce qu'ils ont en commun et en quoi ils diffèrent. N'importe quelle caractéristique générale peut être choisie pour base. On peut, par exemple, faire une distinction relativement simple entre les individus qui ont une personnalité extravertie et ceux qui ont une personnalité introvertie. Ce n'est que l'une des nombreuses généralisations possibles, mais elle nous fait apercevoir tout de suite les difficultés qui peuvent surgir si l'analyste appartient à l'un de ces deux types, et le malade à l'autre.

Etant donné que toute analyse approfondie d'un rêve aboutit à la confrontation de deux individus, leur appartenance à un même type de personnalité, ou à deux types différents, aura très évidemment une grande importance. Si l'un et l'autre appartiennent à un même type, ils pourront collaborer harmonieusement pendant longtemps. Mais si l'un est un extraverti et l'autre un introverti, leurs points de vue différents et contradictoires se heurteront peut-être aussitôt, particulièrement s'ils ne se rendent pas compte chacun de leur type de personnalité, ou s'ils sont convaincus que ce type est le seul bon. L'extraverti, par exemple, adoptera toujours le point de vue de la majorité. L'introverti le rejettera par principe, parce qu'il est à la mode. Cette opposition s'explique aisément du fait que ce qui est valorisé par l'un est dévalorisé par l'autre. Freud, par exemple, considérait l'introverti comme un individu maladivement occupé de lui-même. Mais l'introspection et la connaissance de soi peuvent tout aussi bien être les valeurs les plus hautes.

Il est d'une nécessité vitale de tenir compte de telles différences de personnalité dans l'interprétation des rêves. On ne peut pas partir de la supposition que l'analyste est un surhomme, au-dessus de telles différences, simplement parce qu'il est médecin, pourvu d'une théorie psychologique, et de la technique qui lui correspond. Il ne peut se donner l'illusion de sa supériorité que dans la mesure où il considère sa théorie et sa technique comme des vérités absolues, capables d'embrasser la totalité de la psyché humaine. Etant donné qu'une telle croyance serait plus que contestable, il ne peut en être assuré. En conséquence, il sera secrètement assailli de doutes s'il confronte la totalité humaine qu'est son malade avec une théorie et une technique (qui ne sont qu'une hypothèse et une tentative thérapeutique) au lieu de le confronter avec sa propre totalité vivante. La personnalité totale de l'analyste est le seul équivalent approprié de la personnalité du malade. L'expérience pratique et la connaissance de la psychologie ne sont rien de plus que de simples avantages à l'actif de l'analyste. Elles ne le mettent pas au-dessus de la mêlée, dans laquelle il sera mis à l'épreuve tout autant que son malade. En sorte qu'il est très important de savoir si leurs personnalités sont en harmonie, en conflit, ou complémentaires.

L'extraversion et l'introversion ne sont que deux exemples des particularités du comportement humain. Elles sont souvent assez évidentes et aisément reconnaissables. Si l'on étudie des extravertis, on découvre rapidement qu'ils diffèrent les uns des autres en beaucoup de points, et que l'extraversion est un critère trop superficiel, trop général, pour être réellement caractéristique d'un individu. C'est pourquoi j'ai essayé, il y a longtemps, de trouver d'autres particularités fondamentales qui puissent servir à mettre quelque ordre dans les différences apparemment illimitées entre individus humains.

J'avais toujours été frappé par le fait qu'il y a un nombre surprenant d'individus qui n'utilisent jamais leur intellect lorsqu'ils peuvent l'éviter, et un aussi grand nombre qui l'utilisent d'une façon étonnamment stupide. Je fus aussi surpris de voir que beaucoup de personnes intelligentes, à l'esprit éveillé, vivaient, pour autant que l'on pût s'en rendre compte, comme si elles n'avaient jamais appris à se servir de leurs sens. Elles ne voyaient pas les choses qui se trouvaient devant leurs yeux, n'entendaient pas les mots qui résonnaient à leurs oreilles, ne remarquaient pas les choses qu'elles touchaient ou goûtaient. Quelques-uns n'avaient même pas conscience de leur propre corps.

D'autres me semblèrent vivre dans le plus étrange état d'esprit, comme si leur condition présente était définitive, sans possibilité de changement, ou comme si le monde et la psyché étaient statiques et devaient le demeurer à tout jamais. Ces

personnes semblaient dénuées de toute imagination et dépendaient entièrement et exclusivement
de leurs perceptions sensorielles. Le hasard et la
possibilité n'existaient pas dans leur univers, et
dans leur « aujourd'hui » il n'y avait pas de véritable « demain ». Le futur n'était qu'une répétition du
passé.

J'essaie ici de faire entrevoir au lecteur ce que
furent mes premières impressions quand je commençai à observer les multiples personnes que je
rencontrais. Il devint bientôt évident pour moi que
les gens qui utilisaient leur *intellect* étaient ceux
qui *pensaient*, c'est-à-dire faisaient appel à leurs
facultés intellectuelles pour s'adapter aux personnes et aux circonstances. Alors que les gens tout
aussi intelligents qui ne pensaient pas cherchaient
et trouvaient leur voie en se fiant à leur « sentiment [1] ».

Ce mot exige quelques explications. Par exemple, on parle des sentiments que nous inspire une
personne ou une chose. Mais on utilise aussi le mot
« sentiment » quand on veut signifier une opinion.
On peut imaginer un communiqué officiel qui
commencerait par ces termes : « Le Président a le
sentiment que la situation exige... » En outre, le
sens du mot peut être étendu jusqu'à englober les
intuitions : « J'ai le sentiment qu'il ne viendra pas. »

Quand j'oppose les gens qui « sentent » à ceux

---

1. C'est le *feeling* anglais, le *Gefühl* allemand. *(N.T.)*

qui « pensent », je me réfère à des jugements de valeurs, l'agréable ou le désagréable, le bon et le mauvais, etc. Le sentiment, selon cette définition, n'est pas une émotion (qui est involontaire). Sentir, dans le sens que je lui donne est, tout autant que penser, une fonction rationnelle (c'est-à-dire ordonnatrice) alors que l'intuition est une fonction irrationnelle (c'est-à-dire perceptive). Dans la mesure où l'intuition est le produit d'une « inspiration », elle n'est pas le fait d'un acte volontaire. Il faut plutôt la considérer comme un événement involontaire, qui dépend de circonstances endogènes et exogènes, et non pas comme un jugement (c'est-à-dire comme un acte). L'intuition se rapproche davantage de la perception sensorielle, qui est aussi un phénomène irrationnel dans la mesure où elle dépend essentiellement de stimuli objectifs, qui doivent leur existence à des causes physiques et non pas mentales.

Ces quatre types fonctionnels correspondent aux quatre moyens grâce auxquels notre conscience parvient à s'orienter par rapport à l'expérience. La *sensation* (c'est-à-dire la perception sensorielle) vous révèle que quelque chose existe. La *pensée* vous révèle ce que c'est. Le *sentiment* vous dit si c'est agréable ou non. Et *l'intuition* vous révèle d'où parvient la chose, et vers quoi elle tend.

Le lecteur doit comprendre que ces quatre critères, qui définissent des types de comportement, ne

sont que des points de vue parmi d'autres, comme
par exemple la volonté, le tempérament, l'imagination, la mémoire, etc. Ils n'ont rien de dogmatique.
Mais leur caractère fondamental en fait des critères convenables pour une classification. Je les
trouve particulièrement utiles à chaque fois qu'on
me demande d'expliquer les réactions de parents à
leurs enfants, de maris à leurs femmes, ou vice
versa. Ils nous aident aussi à comprendre nos
propres préjugés.

C'est pour toutes ces raisons qu'il faut, si l'on
veut comprendre le rêve d'un autre, sacrifier ses
prédilections propres, et supprimer ses préjugés.
Ce n'est ni facile, ni agréable, car cela exige un
effort moral qui n'est pas du goût de tout le
monde. Mais si l'analyste ne fait pas l'effort
d'adopter une attitude critique à l'égard de son
propre point de vue et de reconnaître sa relativité,
il n'obtiendra ni l'information correcte, ni une
pénétration suffisante, pour comprendre ce qui se
passe dans l'esprit de son malade. L'analyste s'at-
tend à ce que le patient mette au point une certaine bonne volonté à écouter son opinion et à la
prendre au sérieux. Il est normal qu'on accorde au
patient le même droit à l'égard de l'analyste. Bien
que cette réciprocité soit nécessaire à toute compréhension, donc aille de soi, il faut se répéter
constamment qu'il est plus important, du point de
vue thérapeutique pour le malade de comprendre,
que pour l'analyste d'obtenir la confirmation de

ses suppositions théoriques. La résistance que le malade oppose à l'interprétation de l'analyste n'est pas toujours une réaction erronée ; elle indique plutôt à coup sûr que quelque chose ne va pas. Ou bien le malade n'a pas encore atteint le point où il peut comprendre, ou bien l'interprétation ne convient pas.

Dans les efforts que nous faisons pour interpréter les symboles qui figurent dans les rêves des autres, nous sommes presque constamment gênés par notre tendance à combler les lacunes inévitables de notre compréhension par la *projection*, c'est-à-dire par la supposition que ce que perçoit et pense l'analyste est aussi perçu et pensé par le rêveur. C'est pour surmonter cette source d'erreurs que j'ai toujours insisté sur l'importance qu'il y a à s'en tenir au contexte de chaque rêve particulier, en excluant toutes les hypothèses théoriques sur les rêves en général, excepté celle que les rêves ont par quelque côté un sens.

Il ressort clairement de tout ce que j'ai dit qu'il n'est pas possible d'établir des règles généralement valables pour l'interprétation des rêves. Quand j'ai émis la supposition que la fonction générale des rêves était de compenser les déficiences ou les distorsions de la conscience, je voulais dire que cette supposition constituait la manière la plus féconde d'aborder l'étude des rêves *particuliers*. Dans certains cas, cette fonction est clairement démontrée.

Un de mes malades avait une très haute opinion de lui-même, et ne se rendait pas compte que presque tout le monde s'irritait de son air de supériorité. Il vint me trouver pour un rêve au cours duquel il avait vu un vagabond ivre rouler dans un fossé. Ce spectacle n'avait provoqué en lui que ce commentaire de pitié condescendante : « Il est terrible de voir combien un homme peut tomber bas. » Il était évident que le caractère désagréable du rêve constituait au moins partiellement une tentative pour contrebalancer l'idée excessive qu'il se faisait de ses mérites. Mais il y avait quelque chose de plus. Je découvris qu'il avait un frère alcoolique au dernier degré. Et le rêve révélait aussi que son attitude de supériorité visait à compenser le frère, à la fois intérieurement et extérieurement.

Dans un autre cas, une femme, fière de son intelligente compréhension de la psychologie, rêva à plusieurs reprises d'une autre femme qu'elle connaissait. Dans la réalité, elle ne l'aimait pas, la considérant comme une intrigante, futile et menteuse. Mais dans ses rêves, la femme lui apparaissait presque comme une sœur, amicale et aimable. Ma cliente n'arrivait pas à comprendre pourquoi elle rêvait d'une façon aussi flatteuse d'une personne qu'elle n'aimait pas. Mais ses rêves essayaient de lui suggérer que les aspects inconscients de son caractère projetaient sur sa personnalité une « ombre » ressemblant beaucoup à l'autre femme. Ma cliente, qui avait des idées très arrêtées sur sa personnalité, eut beaucoup de mal à se rendre compte que le rêve se référait à son propre complexe de puissance, et à ses motivations cachées, qui lui avaient valu plus d'une fois des querelles désagréables avec ses amis. Elle en avait toujours blâmé les autres, et jamais elle-même.

Ce n'est pas seulement le côté « ombre » de notre personnalité que nous ignorons, refusons de reconnaître, et refoulons. Il peut arriver aussi de méconnaître nos qualités positives. Je pense par exemple à un homme à l'apparence modeste, effacé, aux manières extrêmement agréables, qui se contentait toujours des derniers rangs dans une assemblée, tout en insistant discrètement pour être présent. Quand on lui demandait de prendre la parole, il donnait son avis, toujours solidement étayé, mais sans jamais chercher à s'imposer. Il lui arrivait toutefois de laisser entendre que le problème pourrait être résolu d'une façon bien plus satisfaisante à un niveau plus élevé (sans jamais expliquer comment).

Dans ses rêves, cependant, il rencontrait toujours les plus grands personnages historiques, tels que Napoléon ou Alexandre le Grand. Ces rêves compensaient clairement un complexe d'infériorité. Mais ils impliquaient autre chose encore. Quelle sorte d'homme dois-je être, disait le rêve, pour recevoir la visite de personnages aussi illus-

tres ? A cet égard, le rêve indiquait une mégalomanie secrète, qui compensait le sentiment d'inférior-
rité du rêveur. Cette idée inconsciente de grandeur
l'isolait de la réalité de son milieu, et lui permettait
de ne pas tenir compte d'obligations qui se fussent
imposées d'une façon impérative à tout autre. Il
n'éprouvait nul besoin de prouver, à lui-même ou
aux autres, que la supériorité de son jugement
venait de mérites supérieurs.

En fait, il jouait inconsciemment un jeu très
dangereux, et ses rêves s'efforçaient de lui en faire
prendre conscience d'une manière curieusement
ambiguë. Etre à tu et à toi avec Napoléon, faire
partie des familiers d'Alexandre le Grand, sont des
fantasmes tout à fait caractéristiques d'un complexe d'infériorité. Mais pourquoi, demandera-t-on,
le rêve ne pourrait-il être clair et direct ? Pourquoi
ne dit-il pas ce qu'il a à dire sans ambiguïté ?

On m'a fréquemment posé cette question et je
me la suis posée moi-même. Je suis souvent étonné
de la manière torturante qu'ont les rêves d'éviter
de donner toute information précise, ou d'omettre
le point décisif. Freud a supposé l'existence d'une
fonction spéciale de la psyché, qu'il a appelée la
« censure ». C'était elle, croyait-il, qui déformait les
images du rêve jusqu'à les rendre méconnaissa-
bles, ou trompeuses, afin de masquer à la conscience qui rêve le véritable sujet du rêve. En dissi-
mulant la pensée délicate au rêveur, la « censure »
protégeait son sommeil contre le choc d'une rémi-

niscence désagréable. Mais cette théorie, qui fait du rêve le gardien du sommeil, me laisse sceptique. Tout aussi souvent en effet, les rêves troublent le sommeil.

Il me semble plutôt qu'à l'approche de la conscience, le contenu subliminal de la psyché s'efface. Les images et les idées se conservent, à l'état subliminal, à un niveau de tension très inférieur à celui qu'elles ont dans la conscience. A l'état subliminal, elles perdent la clarté de leurs contours. Les relations entre elles sont moins conséquentes, et reposent sur des analogies plus vagues ; elles sont moins rationnelles, donc plus « incompréhensibles ». On peut constater le même phénomène dans tous les états voisins du rêve, dus à la fatigue, à la fièvre, aux toxines. Mais si quelque chose vient donner à ces images une tension accrue, elles deviennent moins subliminales, et à mesure qu'elles se rapprochent du seuil de conscience, plus nettement définies.

C'est ce qui nous permet de comprendre pourquoi les rêves s'expriment souvent sous forme d'analogies, pourquoi les images oniriques fondent l'une dans l'autre, et pourquoi ni la logique, ni les références temporelles de la vie éveillée, n'y sont respectées. La forme que prennent les rêves est naturelle à l'inconscient, car elle est précisément propre aux matériaux qui constituent le rêve lorsqu'ils se trouvent à l'état subliminal. Les rêves ne protègent nullement le sommeil contre ce que

Freud appelle le « désir incompatible[1] ». Ce qu'il appelle le « travestissement » du rêve n'est en réalité que la forme que prennent naturellement nos impulsions dans l'inconscient. C'est pourquoi un rêve ne peut pas produire une idée clairement définie. S'il le faisait, il cesserait d'être un rêve, car le seuil de conscience serait franchi. C'est pourquoi les rêves semblent toujours sauter ce à quoi l'esprit conscient attache le plus d'importance, et manifester plutôt la « frange de conscience », comme le faible scintillement des étoiles pendant une éclipse totale de soleil.

Nous devons comprendre que les symboles oniriques sont pour la plupart des manifestations d'une partie de la psyché qui échappe au contrôle de l'esprit conscient. Ni le sens, ni l'intentionnalité ne sont des prérogatives de l'esprit. On les trouve à l'œuvre dans toute la nature vivante. Il n'y a pas de différence de principe entre la croissance organique et la croissance psychique. Comme une plante produit des fleurs, la psyché crée des symboles. Tout rêve témoigne de ce processus.

C'est ainsi que par le moyen des rêves (auxquels s'ajoutent toutes sortes d'intuitions, d'impulsions, et d'autres événements spontanés), des forces instinctives influent sur l'activité de la conscience.

---

1. Il s'agit d'incompatibilité entre le désir et le sens moral. *(N.T.)*

Que cette influence soit bonne ou mauvaise dépend du contenu réel de l'inconscient. Si l'inconscient contient trop de choses qui normalement devraient être conscientes, son fonctionnement est déformé et troublé. Des motifs apparaissent, qui ne sont pas fondés sur les instincts authentiques, mais doivent leur existence et leur importance psychique au fait qu'ils ont été relégués dans l'inconscient par suite d'un refoulement ou d'une négligence. Ils recouvrent pour ainsi dire la psyché inconsciente normale, et provoquent une distorsion des symboles et des motifs fondamentaux. C'est pourquoi il est bon que l'analyste, qui cherche les causes d'un trouble psychique, commence par obtenir de son malade une confession et une compréhension plus ou moins volontaires de ce qu'il aime ou redoute.

Ceci ressemble à la pratique beaucoup plus ancienne de la confession dans l'Église, qui, en bien des points, est une anticipation des techniques de la psychologie moderne. Cette pratique vaut du moins en règle générale. Mais elle peut quelquefois être nuisible. Le malade peut en effet être submergé par des sentiments d'infériorité ou de faiblesse grave, qui lui rendront difficile, sinon impossible de regarder en face un témoignage supplémentaire de son insuffisance personnelle. C'est pourquoi j'ai souvent trouvé plus efficace de commencer par donner au malade un point de vue positif. Cela lui procure un sentiment de sécurité qui est très utile lorsqu'il faut aborder les révélations plus pénibles.

Prenons, par exemple, un rêve de grandeur, dans lequel, notamment, on se voit en train de prendre le thé avec la Reine d'Angleterre, ou engagé dans une conversation familière avec le pape. Si le rêveur n'est pas un schizophrène, l'interprétation du symbole dépend beaucoup de son état d'esprit du moment, c'est-à-dire de l'état de son Moi. Si le rêveur surestime sa valeur, il est facile de montrer (à partir des associations d'idées) à quel point ses intentions sont puériles et peu adaptées à la réalité, et dans quelle mesure elles émanent du désir d'être égal ou supérieur à ses parents. Mais s'il s'agit d'un cas d'infériorité, dans lequel l'individu a un sentiment si total de son indignité qu'il a déjà étouffé tous les aspects positifs de sa personnalité, ce serait une erreur totale de le déprimer davantage encore en lui faisant sentir qu'il est puéril, ridicule ou faussé. Cela aggraverait cruellement son sentiment d'infériorité, et risquerait de provoquer une résistance malvenue et sans nécessité au traitement.

Il n'y a pas de technique ni de doctrine thérapeutiques qu'on puisse appliquer d'une façon générale, étant donné que chaque malade qui se présente à l'analyste est un individu dans un état qui lui est particulier. Je me souviens d'un malade que je dus soigner pendant une période de neuf ans. Je le voyais seulement quelques semaines chaque année, parce qu'il vivait à l'étranger. Dès le début, je sus de quoi il souffrait réellement, mais je vis aussi que la moindre tentative pour lui faire entrevoir la vérité se heurtait à des réactions de défense si violentes qu'elles menaçaient de rompre tout contact entre nous. Que cela me plût ou non, il me fallait faire de mon mieux pour préserver la continuité de nos rapports, et suivre son inclination, qui trouvait un appui dans ses rêves, et nous entraînait toujours loin des racines de sa névrose. Nos discussions se perdaient en digressions telles que je m'accusais souvent d'égarer mon malade. Seul, le fait que son état s'améliorait lentement, mais visiblement, m'empêcha de le confronter brutalement avec la vérité.

Au cours de la dixième année, toutefois, mon malade se déclara guéri, et délivré de tout symptôme morbide. J'en fus surpris, car théoriquement, son état était incurable. Remarquant mon étonnement, il sourit, et dit en substance : « Je veux vous remercier pour le tact infaillible et la patience dont vous avez fait preuve en me permettant de tourner autour de la cause pénible de ma névrose. Aujourd'hui, je suis prêt à tout vous raconter. Si j'avais eu le pouvoir d'en parler librement, je l'aurais fait dès ma première consultation. Mais cela aurait détruit tout rapport entre nous. Et que serais-je donc devenu ? J'aurais fait moralement faillite. Au long de ces dix ans, j'ai appris à vous faire confiance. Et au fur et à mesure que ma confiance croissait, mon état s'améliorait. Il s'est amélioré parce que ce lent processus m'a permis de recommencer à croire en moi-même. Aujourd'hui, je me sens assez fort pour parler avec vous de ce qui me détruisait. »

Et il m'avoua son problème avec une franchise bouleversante qui me fit comprendre les raisons du cours particulier qu'avait dû prendre notre traitement. Le choc initial avait été si violent qu'il s'était trouvé incapable d'y faire face seul. Il avait besoin de l'aide d'un autre, et la tâche thérapeutique qui m'incombait était d'établir progressivement des relations de confiance et non pas de démontrer une théorie clinique.

Ce sont des cas de ce genre qui m'ont appris à adapter mes méthodes aux besoins des malades pris individuellement, plutôt que de m'engager dans des considérations théoriques générales qui ne s'appliqueraient peut-être à aucun cas particulier. La connaissance de la nature humaine que j'ai accumulée pendant le cours de mes soixante ans d'expérience pratique m'a appris à considérer chaque cas comme un cas nouveau, pour lequel avant tout il me faut trouver une méthode d'approche particulière.

Quelquefois, je n'ai pas hésité à plonger dans une étude minutieuse de fantasmes et d'événements infantiles. Ailleurs, j'ai commencé au sommet, même si cela m'obligeait à m'élever jusqu'aux spéculations métaphysiques les plus abstraites.

L'essentiel est d'apprendre le langage propre de l'individu, et de suivre les tâtonnements de son inconscient vers la lumière. A chaque cas sa méthode.

Ceci est particulièrement vrai quand on veut interpréter les symboles. Deux individus différents peuvent faire presque exactement le même rêve. (Ceci, comme le révèle rapidement l'expérience clinique, est beaucoup moins rare que ne le croit le profane.) Mais si, par exemple, l'un de ces rêveurs est jeune et l'autre vieux, le problème qui les trouble chacun est différent, et il serait absurde d'interpréter leurs rêves de la même façon.

Un exemple me vient à l'esprit : c'est un rêve dans lequel un groupe de jeunes gens à cheval traverse un vaste terrain. Le rêveur est en tête, saute par-dessus un fossé plein d'eau, réussissant tout juste à franchir l'obstacle. Les autres tombent dans l'eau. Le jeune homme qui me le raconta d'abord était d'un caractère prudent et un introverti. Mais le même rêve me fut rapporté par un vieil homme au caractère audacieux, qui avait mené une vie active, et entreprenante. Au moment où il fit ce rêve, il était malade, et rendait la tâche difficile à son médecin et à son infirmière. Il s'était fait un mal réel par son agitation constante et son refus d'observer les prescriptions du médecin.

Il m'apparut clairement que le rêve disait au jeune homme ce qu'il *devrait* faire. Mais au vieil homme, il révélait ce qu'il était encore *en train* de faire. Alors qu'il encourageait le jeune homme à surmonter ses hésitations, le vieillard n'avait pas besoin d'encouragement de cette sorte : l'esprit d'entreprise qui s'agitait encore en lui était son plus grand ennemi. Cet exemple montre comment l'interprétation des rêves et des symboles dépend pour une grande part des circonstances particulières dans lesquelles se trouve placé le rêveur, et de son état d'esprit.

VI

L'archétype dans le symbolisme du rêve

J'ai déjà suggéré que les rêves remplissent une fonction de compensation. Cette hypothèse implique que le rêve est un phénomène psychique normal, par lequel les réactions inconscientes ou les impulsions spontanées sont transmises à la conscience. Beaucoup de rêves peuvent être interprétés avec l'aide du rêveur, qui fournit à la fois les associations et le contexte de l'image onirique, au moyen desquels on peut en explorer chaque aspect.

Cette méthode convient à tous les cas ordinaires, ceux ou un parent, un ami, un malade, vous raconte un rêve pour ainsi dire dans le cours d'une conversation. Mais quand il s'agit de rêves obsessionnels, ou possédant une forte charge affective, les associations personnelles que propose le rêveur ne suffisent généralement plus à une interprétation satisfaisante. Dans ces cas-là il nous faut prendre en considération le fait (que Freud observa et commenta en premier) qu'on trouve dans le rêve des éléments qui ne sont pas individuels, et ne peuvent être tirés de l'expérience personnelle du rêveur. Ces éléments, dont j'ai déjà parlé, sont ce que Freud appelle : les « résidus archaïques », des formes psychiques qu'aucun incident de la vie de l'individu ne peut expliquer, et qui semblent être innées, originelles, et constituer un héritage de l'esprit humain.

Tout comme le corps humain est une collection complète d'organes dont chacun est l'aboutissement d'une longue évolution historique, de même devons-nous nous attendre à trouver dans l'esprit une organisation analogue. Pas plus que le corps, il ne saurait être un produit sans histoire. Et par « histoire », je ne veux pas parler de celle que l'esprit construit en se référant consciemment au passé par le moyen du langage et d'autres traditions culturelles. Je veux parler du développement biologique, préhistorique et inconscient, de l'esprit dans l'homme archaïque, dont la psyché était encore proche de celle de l'animal.

Cette psyché vertigineusement ancienne est le fondement de notre esprit, tout comme la structure de notre corps se fonde sur le type plus général de la structure du mammifère. L'œil exercé de l'anatomiste ou du biologiste trouve beaucoup de traces de ce type initial dans notre corps. Le chercheur qui a l'expérience de l'exploration de l'esprit humain peut, de même, voir les analogies existant entre les images de la mentalité primitive, ses « représentations collectives », et ses thèmes mythologiques.

Tout comme le biologiste a besoin de l'anatomie comparée, le psychologue ne peut pas se passer d'une « anatomie comparée de la psyché ». En d'autres termes, il faut, en pratique, non seulement que le psychologue ait une expérience suffisante des rêves et des autres expressions de l'activité inconsciente, mais qu'il connaisse la mythologie dans son sens le plus large. S'il n'est pas équipé de la sorte, personne ne peut déceler les analogies qui importent. Il n'est pas possible, par exemple, de saisir l'analogie entre un cas de névrose compul-sionnelle et la classique possession démoniaque, si l'on n'a pas une connaissance exacte de l'une et de l'autre.

Mon point de vue concernant les « résidus ar-chaïques », que j'ai appelés « archétypes » ou « ima-ges primordiales », a été constamment attaqué par des gens qui ne possédaient pas une connaissance suffisante de la psychologie des rêves ni de la mythologie. On croit souvent que le terme « arché-type » désigne des images ou des motifs mytholo-giques définis. Mais ceux-ci ne sont rien autre que des représentations conscientes : il serait absurde de supposer que des représentations aussi varia-bles puissent être transmises en héritage.

L'archétype réside dans la tendance à nous re-présenter de tels motifs, représentation qui peut varier considérablement dans les détails, sans perdre son schème fondamental. Il existe, par exemple, beaucoup de représentations du motif des frères ennemis, mais le motif lui-même reste le même. Mes critiques ont supposé à tort que je voulais parler de « représentations héritées », et ils ont en conséquence rejeté l'idée des archétypes comme tout à fait fausse. Ils n'ont pas tenu compte du fait que si les archétypes étaient des représentations originaires de notre conscience (ou acquises par elle) nous devrions être en mesure de les comprendre, au lieu d'être étonnés et déroutés lorsqu'ils s'y présentent. « L'archétype » est en réalité une tendance instinctive, aussi marquée que l'impulsion qui pousse l'oiseau à construire un nid, et les fourmis à s'organiser en colonies.

Il me faut préciser les rapports entre les archétypes et les instincts. Ce que nous appelons « instinct » est une pulsion physiologique, perçue par les sens. Mais ces instincts se manifestent aussi par des fantasmes, et souvent ils révèlent leur présence uniquement par des images symboliques. Ce sont ces manifestations que j'appelle les archétypes. Leur origine n'est pas connue. Ils réapparaissent à toute époque et partout dans le monde, même là où il n'est pas possible d'expliquer leur présence par des transmissions de générations en générations, ni par des fécondations croisées résultant de migrations.

Je me souviens de beaucoup de gens qui sont

venus me consulter parce qu'ils étaient déroutés par leurs rêves, ou ceux de leurs enfants. Ils n'en pouvaient comprendre aucun terme. La raison en était que ces rêves contenaient des images dont ils ne pouvaient pas trouver l'origine dans leurs souvenirs, ou qu'ils étaient sûrs de n'avoir pas transmises à leurs enfants. Pourtant quelques-unes de ces personnes étaient extrêmement cultivées. Il y avait même parmi elles des psychiatres.

Je me souviens particulièrement du cas d'un professeur qui avait eu soudain une vision, et se croyait fou. Je pris sur un rayon un livre vieux de quatre cents ans, et je lui montrai une gravure ancienne représentant exactement sa vision : « Vous n'avez pas raison de vous croire fou, dis-je. Votre vision était déjà connue il y a quatre cents ans. » Sur quoi il s'assit sur une chaise, effondré, mais de nouveau normal.

Un cas très important m'a été soumis par un homme qui était lui-même psychiatre. Un jour, il m'apporta un petit carnet manuscrit que sa fille de dix ans lui avait donné comme cadeau de Noël. Il contenait toute une série de rêves qu'elle avait faits à l'âge de huit ans. C'était la série de rêves la plus étrange que j'aie jamais vue, et je comprenais fort bien pourquoi le père avait éprouvé plus que de l'étonnement à les lire. Malgré leur allure enfantine, ils avaient quelque chose de surnaturel et contenaient des images dont l'origine était totalement incompréhensible au père. Voici les motifs principaux qui y figuraient :

1. « La bête malfaisante », un monstre à forme de serpent avec de multiples cornes, qui tue et dévore tous les autres animaux. Mais Dieu survient des quatre coins, étant en fait quatre dieux, et fait renaître à la vie les animaux morts.

2. Une montée aux cieux, où l'on célèbre une fête avec des danses païennes. Et une descente en enfer, où les anges accomplissent de bonnes actions.

3. Une horde de petits animaux effraie la petite fille, ils grandissent de manière effrayante et l'un d'entre eux finit par la dévorer.

4. Une petite souris est envahie par des vers, des serpents, des poissons, et des êtres humains, et ainsi la souris devient humaine. Ce rêve représente les quatre étapes de l'origine de l'humanité.

5. Une goutte d'eau apparaît comme au microscope. L'enfant voit la goutte pleine de branches d'arbres. Cela représente l'origine du monde.

6. Un méchant garçon a entre les mains une motte de terre dont il jette des fragments sur tous ceux qui passent. Ainsi tous les passants deviennent-ils méchants.

7. Une femme ivre tombe dans l'eau et en ressort dégrisée et amendée.

8. La scène est en Amérique, où beaucoup de gens se roulent sur une fourmilière, attaqués par

les fourmis. L'enfant, dans un moment de panique, tombe dans une rivière.

9. Un désert sur la lune, où l'enfant s'enfonce si profondément qu'elle arrive en enfer.

10. L'enfant voit une boule lumineuse : elle la touche. Des vapeurs s'en dégagent. Un homme survient et la tue.

11. L'enfant rêve qu'elle est dangereusement malade. Soudain, des oiseaux sortent de sa peau, et la recouvrent complètement.

12. Des essaims de moucherons obscurcissent le soleil, la lune et toutes les étoiles, sauf une. Cette étoile tombe sur l'enfant.

Dans le texte original allemand, chaque rêve commence par la phrase rituelle : « Il était une fois... » Par ces mots, l'enfant laisse entendre qu'elle considère chacun des rêves comme une sorte de conte de fées, qu'elle veut raconter à son père comme cadeau de Noël. Le père essaya d'expliquer les rêves par leur contexte. Mais il n'y parvint pas, car il ne semblait comporter aucune association personnelle.

La possibilité que ces rêves aient été le produit d'une élaboration consciente ne peut bien entendu être exclue que par quelqu'un qui aurait suffisamment connu l'enfant pour être absolument sûr de sa sincérité. (Même s'ils étaient imaginaires, il est vrai, ils n'en constitueraient pas moins un défi à notre compréhension.) Dans le cas présent, le père était convaincu de l'authenticité des rêves, et je n'ai pas de raison d'en douter. J'ai connu la petite fille moi-même, mais avant l'époque où elle donna ces rêves à son père. En sorte que je n'ai pas pu lui poser de questions à leur sujet. Elle vivait à l'étranger, et mourut d'une maladie infectieuse un an après ce Noël.

Ses rêves ont un caractère nettement particulier. Leurs idées dominantes ont une nature philosophique marquée. Le premier rêve par exemple, parle d'un monstre qui tue les autres animaux, mais Dieu les fait renaître tous par une *Apokatastasis* divine, ou rétablissement final. Dans le monde occidental, cette idée est connue grâce à la tradition chrétienne. On en trouve mention dans les Actes des Apôtres III, 21 : Le Christ « que le ciel doit garder jusqu'aux temps de la restauration universelle ». Parmi les Pères de l'Église, les Grecs, Origène par exemple, ont insisté sur l'idée qu'à la fin des temps le Rédempteur rétablirait toutes choses dans la perfection de leur état originel. Mais d'après saint Matthieu (XVII, 11) il existait déjà une très ancienne tradition juive selon laquelle Élie devait d'abord venir rétablir toutes choses. On retrouve la même idée dans la première Épître aux Corinthiens (XV, 22) « Car comme tous meurent en Adam, tous aussi revivront dans le Christ ».

On pourrait supposer que l'enfant a puisé cette pensée dans une éducation religieuse. Mais elle avait une culture religieuse très limitée. Ses parents, officiellement, étaient protestants, mais en fait ils ne connaissaient la Bible que par ouï-dire. Il est particulièrement improbable qu'une image aussi abstruse que celle de l'*Apokatastasis* ait été expliquée à la petite fille. Son père, certainement, n'avait jamais entendu parler de ce mythe.

Neuf des douze rêves comportent le thème de la destruction et du rétablissement. Et aucun ne montre de traces d'une éducation et d'une influence spécifiquement chrétiennes. Au contraire, ils ont un rapport beaucoup plus étroit avec les mythes primitifs. Ce rapport se trouve confirmé par le second motif, le « mythe cosmogonique » (la création du monde et de l'homme) qui figure dans le quatrième et dans le cinquième rêve.

Le même lien entre la mort et la résurrection, Adam et le Christ (la mort et la résurrection), figurait dans l'Épître aux Corinthiens (I, XV, 22) que je viens de citer. Il faut observer ici que l'idée du Christ Rédempteur est une reprise d'un thème pré-chrétien, répandu dans le monde entier, celui du héros et du sauveur, qui a été dévoré par un monstre, et réapparaît miraculeusement après avoir triomphé de celui-ci. Où et quand ce thème a pris naissance est un mystère. Nous ne savons même pas comment mener nos investigations. La seule certitude apparente est que ce motif était familier à chaque génération, qui semble l'avoir reçu en héritage d'une génération précédente. En sorte que nous pouvons, sans risquer d'erreur, supposer que son origine remonte à une époque où l'homme ne savait pas encore qu'il possédait un mythe du héros, parce qu'il ne réfléchissait pas encore consciemment sur ce qu'il disait. Le personnage du héros est un archétype, qui existe de temps immémorial.

La production d'archétypes par des enfants est particulièrement importante, parce qu'on peut, quelquefois, acquérir la certitude que l'enfant n'a pas eu d'accès direct à la tradition en cause. Dans le cas présent, la famille de la petite fille n'avait qu'une connaissance superficielle de la tradition chrétienne. Les thèmes chrétiens, bien entendu, peuvent être représentés par des idées telles que Dieu, les anges, le ciel, l'enfer, et le mal. Mais la façon dont les utilise l'enfant indique une origine totalement non chrétienne.

Prenons le premier rêve du Dieu qui consiste en quatre dieux, venant des « quatre coins ». Les coins de quoi ? Le rêve ne fait pas allusion à une chambre, qui ne conviendrait d'ailleurs pas à ce qui est manifestement un événement cosmique, dans lequel l'Être Universel lui-même intervient. Cette « quaternité », cette importance donnée au chiffre quatre, est par elle-même une idée étrange, qui joue cependant un rôle important dans beaucoup de religions et de philosophies. Le christianisme lui a bien substitué la notion de Trinité, que l'enfant, nous pouvons le supposer, devait connaître. Mais qui, dans une famille appartenant à la classe moyenne d'aujourd'hui, aurait pu entendre parler d'une quaternité divine ? C'est une idée qui fut assez répandue parmi les hommes qui étudiaient la philosophie hermétique au Moyen Age, mais elle s'est perdue vers le début du XVIIIᵉ siècle et est totalement oubliée depuis au moins deux cents ans. Où l'enfant l'a-t-elle trouvée ? Dans la vision d'Ézéchiel ? Mais aucun enseignement chrétien n'identifie Dieu et les séraphins.

On peut se poser la même question en ce qui concerne le serpent à cornes. Dans la Bible, il est vrai, qu'on trouve beaucoup d'animaux à cornes, dans l'Apocalypse, par exemple. Mais tous semblent être des quadrupèdes, bien que leur seigneur soit le dragon dont le nom grec (drakon) signifie aussi serpent. Le serpent à cornes apparaît dans l'alchimie latine du XVIᵉ siècle où il est question du *quadricornutus serpens*, symbole de Mercure opposé à la Trinité chrétienne. Mais cette référence est peu accessible. Pour autant que je sache, elle ne figure que dans un seul auteur. Et cette enfant n'avait aucun moyen de la connaître.

Dans le second rêve apparaît un motif qui est indiscutablement non chrétien et contient un renversement des valeurs établies, par exemple, des danses païennes exécutées par les hommes au paradis, et de bonnes actions exécutées par les anges en enfer. Où l'enfant a-t-elle trouvé une notion aussi révolutionnaire, digne du génie de Nietzsche ?

Ces questions en amènent une autre : Quelle est la portée compensatrice de ces rêves, auxquels la petite fille a attribué une telle importance qu'elle les a donnés à son père comme cadeau de Noël ? Si ces rêves avaient été faits par un sorcier dans une tribu de primitifs, on pourrait raisonnablement supposer qu'ils représentent des variations des thèmes philosophiques de la mort, de la résurrection ou du rétablissement final, sur l'origine du monde, la création de l'homme et la relativité des valeurs. Mais on pourrait être tenté de renoncer à interpréter ces rêves à cause de leur difficulté désespérante, si on les envisage au niveau personnel. Ils contiennent indiscutablement des images collectives, analogues dans une certaine mesure aux doctrines enseignées aux jeunes gens, dans les tribus primitives, au moment de leur initiation. A ce moment-là, on leur apprend ce que Dieu, ou les dieux, ou encore les animaux fondateurs, ont fait, comment le monde et l'homme ont été créés, comment ils finiront, et quel est le sens de la mort. Y a-t-il des circonstances où nous, à l'intérieur de la civilisation chrétienne, donnons un enseignement analogue ? Oui, pendant l'adolescence. Mais beaucoup ne repensent à ces choses que lors de leur vieillesse, aux approches de la mort.

Or la petite fille se trouvait dans ces deux situations à la fois. Elle approchait de la puberté, et en même temps, du terme de sa vie. Presque rien, dans le symbolisme de ses rêves, n'annonce le début d'une vie normale d'adulte, mais il y a, au contraire, de multiples allusions à la destruction et au rétablissement. Quand je lus ces rêves pour la première fois, en vérité, j'eus le sentiment troublant qu'ils suggéraient un désastre imminent. La raison en était la nature particulière de la compensation que je déduisais de leur symbolisme. Elle était contraire à tout ce qu'on se fût attendu à trouver dans la conscience d'une petite fille de cet âge.

Ces rêves nous révèlent un côté nouveau et assez terrifiant de la vie et de la mort. On s'attendrait à trouver des images de ce genre chez une personne âgée qui regarde en arrière, et non pas chez une enfant, qui normalement regarde en avant. Leur atmosphère rappelle le vieux dicton romain, selon lequel la vie n'est qu'un songe de courte durée, et non pas la joie et l'exubérance de la première jeunesse. La vie de cet enfant ressemblait au vœu d'un sacrifice printanier [1] dont parle le poète. L'expérience nous montre que l'approche insoupçonnée de la mort jette une ombre anticipée sur la vie et les rêves de la victime. Même l'autel des églises chrétiennes représente d'un côté la tombe, de l'autre la résurrection, donc la transformation de la mort en vie éternelle.

Voilà les idées que les rêves suggéraient à l'enfant. Ces rêves étaient une préparation à la mort,

---

1. Ver sacrum vovendum.

exprimée par de courtes histoires, analogues aux contes qui font partie de l'initiation du primitif, ou aux *Koans* du bouddhisme Zen. Ce message ne ressemble pas à la doctrine chrétienne, mais bien plutôt à la pensée des primitifs. Il semble avoir pris naissance en dehors de la tradition culturelle historique, aux sources depuis longtemps oubliées du psychisme, qui, depuis l'époque préhistorique, ont alimenté la spéculation philosophique et religieuse sur la vie et la mort.

C'était comme si des événements encore à venir projetaient déjà leur ombre sur l'enfant, éveillant des pensées qui, bien que normalement assoupies, accompagnent ou décrivent l'approche d'une issue fatale. Bien que la forme particulière dans laquelle elles s'expriment soit plus ou moins personnelle, leur schème général est collectif. On les trouve partout et de tout temps, et elles varient comme les instincts qui varient considérablement d'une espèce à l'autre, tout en servant les mêmes fins générales. Nous ne croyons pas que chaque animal qui vient au monde crée ses propres instincts comme une acquisition individuelle, et nous ne supposons pas davantage que les êtres humains inventent le comportement qui les caractérise en tant qu'espèce à leur naissance. Comme les instincts, les schèmes collectifs de la pensée humaine sont innés et hérités. Mais ils fonctionnent lorsqu'ils en ont l'occasion d'une façon plus ou moins semblable chez tous les hommes. Les phénomènes affectifs dont relèvent les types de pensée, sont visiblement semblables dans le monde entier. Nous pouvons les identifier même chez les animaux, et les animaux eux-mêmes se comprennent les uns les autres à cet égard, même lorsqu'ils appartiennent à des espèces différentes. Si le caractère inné des archétypes étonne, que dire alors des insectes et de la complexité de leurs fonctions symbiotiques ? Car enfin, la plupart d'entre eux ne connaissent pas leurs parents, et ils n'ont reçu d'enseignement d'aucune sorte. Pourquoi faudrait-il alors supposer que l'homme soit le seul être vivant dénué d'instincts spécifiques, ou que sa psyché ne comporte plus aucune trace de son évolution ?

Bien entendu, si l'on identifie la psyché et la conscience, on peut aisément concevoir l'idée erronée que l'homme naît au monde avec une psyché vide, et que plus tard, sa psyché ne contient rien de plus que ce qu'il a appris par expérience individuelle. Mais la psyché est plus que la conscience. Les animaux n'ont qu'une conscience limitée, mais beaucoup de leurs réactions et de leurs impulsions dénotent l'existence d'une psyché. Et les primitifs font beaucoup de choses dont la signification leur est inconnue.

Vous constaterez le même phénomène si vous demandez à des gens civilisés le sens réel de l'arbre de Noël ou de l'œuf de Pâques. En fait, ils font aussi certaines choses sans savoir pourquoi. J'incline à croire qu'en général, l'on a d'abord agi, et

que c'est bien plus tard que quelqu'un s'est préoccupé de savoir pourquoi. Le praticien se trouve
constamment en face de patients par ailleurs intelligents, qui se comportent d'une manière étrange
et tout à fait imprévisible, sans savoir ce qu'ils
disent ni ce qu'ils font. Ils sont subitement en proie
à des dispositions déraisonnables, qu'ils ne peuvent
pas expliquer.

Au premier abord, de telles réactions et pulsions
semblent appartenir à une nature intimement
personnelle et nous cessons de nous en occuper, en
les considérant comme un comportement particulier. En fait, elles se fondent sur un système d'instinct préformé et toujours actif, qui caractérise
l'homme. Des formes de pensées, des gestes uni-
versellement compréhensibles, et beaucoup d'attitudes suivent un schème établi bien avant que
l'homme n'atteigne le stade de la réflexion. Il est
même concevable que les origines lointaines de
cette faculté de réflexion propre à l'homme aient
leur source dans les conséquences pénibles de
heurts affectifs violents. Prenons, si vous voulez, en
guise d'illustration de cette théorie, le cas de
l'homme de la brousse qui dans un moment de
colère et de déception, parce qu'il n'a attrapé aucun poisson, étrangle son fils bien-aimé, puis est
saisi d'un immense regret en contemplant le petit
cadavre qu'il tient dans ses bras. Un tel homme
pourrait se souvenir de ce moment de douleur
toute sa vie.

Nous ne pouvons savoir si une expérience de ce genre a effectivement été la cause initiale du développement de la conscience chez l'homme. Mais il ne fait pas de doute qu'un choc d'une nature affective analogue est souvent nécessaire pour réveiller les gens, et les amener à faire attention à ce qu'ils font. Tel est le cas célèbre du gentilhomme espagnol du XIIIe siècle, Raimond Lulle, qui, après une longue quête réussit à obtenir un rendez-vous secret de la dame qu'il admirait. Elle entrouvrit silencieusement sa robe et lui montra son sein, rongé par le cancer. Le choc changea la vie de Lulle. Il devint un éminent théologien, et l'un des plus grands missionnaires de l'Église. Dans le cas d'un changement aussi soudain, on peut souvent prouver qu'un archétype se trouvait à l'œuvre depuis longtemps dans l'inconscient, arrangeant habilement les circonstances qui amèneraient la crise.

De telles expériences semblent démontrer que les structures archétypes ne sont pas des formes statiques. Ce sont des éléments dynamiques, qui se manifestent par des impulsions tout aussi spontanées que les instincts. Certains rêves, certaines visions ou pensées, peuvent soudain apparaître, et si minutieuse que soit l'investigation, elle n'en révèle pas la cause. Cela ne signifie pas que cette cause n'existe pas. Mais elle est si lointaine, si obscure, que nous ne pouvons pas l'apercevoir. Dans un tel cas, il faut attendre soit que le rêve et son sens aient été suffisamment compris, soit que quelque événement extérieur survienne, qui explique le rêve. Au moment du rêve, un tel événement peut encore appartenir au domaine du futur. Mais tout comme nos pensées conscientes, notre inconscient et ses rêves s'occupent de l'avenir et de ses possibilités. Tout le monde a cru longtemps que la principale fonction des rêves était de prédire l'avenir. Dans l'Antiquité, et jusqu'au Moyen Age, les rêves jouaient un rôle dans le pronostic du médecin. Je peux confirmer par un rêve moderne l'élément de pronostic (ou de pré-connaissance) contenu dans un rêve ancien que cite Artémidore de Daldis, au second siècle après J.-C. Un homme rêva qu'il voyait son père périr dans les flammes d'une maison en feu. Peu de temps après, il mourait lui-même d'un *phlegmon* (d'un feu[1] ou forte fièvre) que je suppose dû à une pneumonie. Le hasard voulut qu'un de mes collègues ait souffert d'une fièvre gangréneuse, en fait un *phlegmon*, qui lui fut fatale. Un de ses anciens malades, qui ignorait tout de la maladie de son médecin, rêva que le docteur mourait dans *un grand feu*. C'était au moment où le médecin venait tout juste d'être hospitalisé, et où la maladie en était encore à ses débuts. Le rêveur ne savait rien, sinon que son médecin était malade et entrait à l'hôpital. Trois semaines plus tard, le docteur mourait.

1. Du grec *phlegein*, flamber. *(N.T.)*

Comme le montre cet exemple, les rêves peuvent avoir un caractère d'anticipation ou de pronostic, et toute personne qui prétend les interpréter doit en tenir compte, particulièrement lorsqu'un rêve qui a manifestement un sens n'offre pas un contexte qui suffise à l'expliquer. Un tel rêve semble souvent surgir du néant, et l'on se demande quelle a pu en être la cause. Bien entendu, si l'on connaissait l'événement ultérieur dont il est le message, sa cause apparaîtrait clairement. Car ce n'est que notre conscience qui est encore dans l'ignorance. L'inconscient semble déjà informé et être arrivé à une conclusion qu'il exprime dans le rêve. En fait, il semble que l'inconscient soit capable d'observer les faits et d'en tirer des conclusions tout autant que la conscience. Il peut même utiliser certains faits, et anticiper leurs résultats possibles, précisément parce que nous n'en avons pas conscience.

Mais autant qu'on puisse en juger par les rêves, les opérations de l'inconscient, dans ce cas, sont instinctives. Cette distinction est importante. L'analyse logique est la prérogative de la conscience. Nous y procédons à une sélection conforme à notre raison et à nos connaissances. L'inconscient, en revanche, semble être guidé surtout par les tendances instinctives représentées par des formes de pensée correspondantes — c'est-à-dire, par des archétypes. Un médecin, auquel on demande de décrire le déroulement d'une maladie, utilisera des concepts rationnels tels qu'« infection » ou « fièvre ». Le rêve est plus poétique. Il représente le corps malade de l'homme comme s'il était sa maison terrestre, et la fièvre comme le feu qui l'a détruit.

Comme le montre le rêve que nous venons d'évoquer, l'esprit archétypal a résolu la situation de la même façon qu'il le faisait au temps d'Artémidore. Quelque chose, dont la nature est plus ou moins inconnue, a été saisi intuitivement par l'inconscient et soumis à l'action des archétypes. Cela suggère que l'esprit archétype s'est substitué à la pensée consciente et à ses raisonnements pour assumer la tâche du pronostic. Les archétypes sont donc doués d'une initiative propre et d'une énergie spécifique. Ils peuvent aussi, à la fois, fournir dans la forme symbolique qui leur est propre, une interprétation chargée de sens, et intervenir dans une situation donnée avec leurs propres impulsions et leurs propres pensées. A cet égard, ils fonctionnent comme des complexes. Ils vont et viennent à leur guise, et souvent, ils s'opposent à nos intentions conscientes ou les modifient de la façon la plus embarrassante. On peut percevoir l'énergie spécifique des archétypes lorsque l'on a l'occasion d'apprécier la fascination qu'ils exercent. Ils semblent jeter un sort. La même qualité caractérise les complexes personnels, et, tout comme les complexes personnels, les complexes sociaux de caractère archétypique ont une histoire.

Mais alors que les complexes individuels ne suscitent que des travers personnels, les archétypes créent des mythes, des religions, et des philosophies, qui influencent et caractérisent des nations et des époques entières. Nous considérons les complexes personnels comme une compensation d'attitudes naissant d'une conscience unilatérale et pervertie[1]. De même, les mythes de caractère religieux peuvent être interprétés comme une sorte de thérapeutique mentale dirigée contre les souffrances et les sujets d'inquiétude qui affligent l'humanité : la faim, la guerre, les maladies, la mort.

Le mythe universel du héros, par exemple, se réfère toujours à un homme très puissant, ou à un homme-dieu, qui triomphe du mal incarné par des dragons, des serpents, des monstres, des démons et libère son peuple de la destruction et de la mort. La narration ou la répétition rituelle de textes sacrés et de cérémonies, et le culte du héros comprenant danses, hymnes, prières, sacrifices, inspirent à l'assistance des émotions numineuses[2] (comme le ferait un charme magique) et exaltent l'individu jusqu'au point où il s'identifie au héros.

Si nous essayons d'envisager la situation avec les yeux du croyant, nous pouvons peut-être comprendre comment l'homme ordinaire peut être

---

1. Sans nuance morale. *(N.T.)*
2. Rappelons que le *numineux* (du latin *numen* : divinité) désigne ce qui, sur terre, paraît divin. *(N.T.)*

libéré de son impuissance et de sa misère, et être doué, au moins temporairement, d'un caractère presque surhumain. Très souvent, une telle conviction le soutiendra longtemps et imposera un certain style à sa vie. Elle peut même donner le ton à une société entière. Un remarquable exemple nous en est donné par les mystères d'Éleusis, qui furent finalement supprimés au début du VIIᵉ siècle de l'ère chrétienne. Ils exprimaient, avec l'Oracle de Delphes, l'essence et l'esprit de l'ancienne Grèce. A une beaucoup plus grande échelle, l'ère chrétienne doit son nom et son importance à l'antique mystère de l'homme-dieu, qui prend racine dans le mythe archétypique d'Osiris-Horus de l'ancienne Égypte.

On pense généralement qu'aux temps préhistoriques, à une occasion quelconque les idées mythologiques fondamentales furent « inventées » par un philosophe ou un prophète âgé et ingénieux, et qu'un peuple crédule et dénué d'esprit critique ne cessa plus d'y « croire » par la suite. On dit aussi que les histoires que raconte un clergé avide de puissance ne sont pas vraies, qu'elles ne sont que de simples chimères. Mais le mot « inventer » vient précisément du latin *invenire*, c'est-à-dire trouver, et de là trouver en « cherchant ». Dans le second cas, le mot lui-même suggère une certaine intuition de ce qu'on va trouver.

Permettez-moi de revenir aux idées étranges contenues dans les rêves de la petite fille. Il me paraît improbable qu'elle les ait cherchées, puisqu'elle a été étonnée de les trouver. Ces idées se sont présentées à elle plutôt comme des histoires étranges et inattendues, qui lui ont paru assez remarquables pour qu'elle en fasse cadeau à son père à Noël. Ce faisant, toutefois, elle les a élevées jusqu'au domaine du mystère chrétien toujours vivant, où la naissance de Notre-Seigneur est mêlée au secret de l'arbre éternellement vert qui porte la Lumière qui vient de naître (allusion du cinquième rêve).

Bien qu'il y ait de nombreux témoignages historiques de la relation symbolique existant entre le Christ et l'arbre, les parents de la petite fille auraient été très embarrassés si elle leur avait demandé d'expliquer exactement la raison pour laquelle ils décoraient un sapin avec des bougies allumées, pour célébrer la Nativité. « Oh, c'est tout simplement une coutume chrétienne », eussent-ils répondu. Une réponse sérieuse aurait exigé une dissertation approfondie sur le symbolisme antique de la mort du dieu, son lien avec le culte de la Grande Mère et de son symbole, l'arbre, pour ne mentionner qu'un aspect de ce problème compliqué.

Plus nous plongeons dans les origines d'une « image collective », (ou, en langage ecclésiastique, d'un dogme), plus nous découvrons un enchevêtrement apparemment sans fin de schèmes archétypes qui, avant les temps modernes, n'avaient

jamais fait l'objet d'aucune réflexion. C'est pourquoi, assez paradoxalement, nous en savons davantage sur le symbolisme des mythes qu'aucune des
générations qui nous ont précédés. En réalité, les
hommes d'autrefois ne réfléchissaient pas sur
leurs symboles. Ils vivaient et étaient inconsciemment animés par leur signification.

J'en donnerai pour exemple une expérience que
j'ai faite chez les primitifs du mont Elgon, en
Afrique. Chaque matin, à l'aube, ils quittent leurs
huttes, soufflent ou crachent dans leurs mains, et
les lèvent vers les premiers rayons du soleil comme
s'ils offraient leur souffle ou leur salive au dieu qui
monte à l'horizon, *mungu*. (Ce terme du langage
swahili qu'ils utilisent pour expliquer un acte ri-
tuel, est dérivé d'une racine polynésienne, qui
équivaut à *mana* ou *mulungu*. Ces mots, et d'autres termes analogues, désignent un « pouvoir »
d'une extraordinaire efficacité, qui imprègne toute
chose, et que nous qualifierions de divin. Le mot
mungu est équivalent pour eux à Dieu ou Allah.)
Quand je leur demandai quel était le sens de cet
acte, ou pourquoi ils l'accomplissaient, ils se mon-
trèrent tout à fait décontenancés. Tout ce qu'ils
trouvèrent à dire fut : « Nous l'avons toujours fait.
Cela a toujours été fait lorsque le soleil se lève. » Ils
se mirent à rire quand je suggérai comme conclusion évidente que le soleil est *mungu*. En fait, le
soleil n'est pas *mungu* lorsqu'il est au-dessus de
l'horizon. *Mungu* est précisément le lever du soleil.

Le sens de ce qu'ils faisaient était évident pour moi, mais pas pour eux. Ils se contentaient de le faire, sans y réfléchir. C'est pourquoi ils étaient incapables de s'expliquer. Je conclus qu'ils offraient leurs âmes à *mungu* car le souffle (de vie) et la salive signifient la « substance de l'âme ». Souffler ou cracher sur quelque chose a un effet « magique », et le Christ, par exemple, a utilisé sa salive pour guérir l'aveugle. Un autre exemple est celui du fils qui aspire le dernier souffle de son père mourant afin de prendre son âme. Il est très improbable que ces Africains, même dans un passé lointain, en aient su davantage sur le sens de leur cérémonie. En fait, leurs ancêtres en savaient probablement encore moins, parce qu'ils étaient encore plus profondément inconscients de leurs motifs et réfléchissaient encore moins sur leurs actes.

Le Faust de Goethe dit très justement : « *Am Anfang war die Tat* (Au commencement était l'action). » Les « actions » n'ont jamais été inventées. Elles ont été accomplies. La pensée, par ailleurs, est une découverte relativement tardive de l'homme. Il a d'abord été poussé à agir par des facteurs inconscients. Et ce n'est que beaucoup plus tard qu'il a commencé à réfléchir, sur les causes qui le poussaient. Il a fallu certainement beaucoup de temps pour qu'il parvienne à l'idée absurde qu'il devait avoir été « poussé » par lui-même, puisque son esprit ne pouvait identifier aucune autre force motrice que la sienne propre.

L'idée d'une plante ou d'un animal qui s'inventeraient eux-mêmes nous ferait rire. Pourtant beaucoup de gens croient que la psyché, ou l'esprit, se sont inventés eux-mêmes et furent ainsi leur propre créateur. En fait, l'esprit a atteint son stade actuel de conscience comme le gland se transforme en chêne, comme les sauriens se sont transformés en mammifères. De même qu'il s'est développé pendant fort longtemps, il continue encore, en sorte que nous sommes poussés par des forces intérieures aussi bien que par des stimuli extérieurs.

Ces forces intérieures viennent d'une source profonde qui n'est pas alimentée par la conscience et échappe à son contrôle. Dans la mythologie ancienne, ces forces étaient appelées *mana*, esprits, démons, ou dieux. Elles sont toujours aussi actives aujourd'hui. Si elles sont conformes à nos désirs, nous parlons d'inspiration ou d'impulsion heureuses, et nous nous félicitons d'être des « types intelligents ». Si ces forces nous sont défavorables, nous déclarons que c'est un manque de chance, ou que certaines personnes nous sont hostiles, ou que la cause de nos malheurs doit être pathologique. La seule chose que nous ne saurions admettre est que nous dépendions de « puissances » qui échappent à notre volonté. Il est cependant vrai que ces derniers temps, l'homme civilisé a acquis une certaine dose de volonté, dont il peut user comme bon lui semble. Il a appris à faire son travail efficacement sans recourir au chant et au tam-tam pour se mettre en état d'hypnose. Il peut même se passer de la prière journalière par laquelle il implorait l'aide divine. Il peut accomplir ce qu'il choisit de faire, et apparemment traduire ses idées en actes sans entrave, alors que le primitif semble être gêné à chaque pas par des peurs, des superstitions et d'autres obstacles invisibles. « Vouloir, c'est pouvoir », résume la superstition de l'homme moderne.

Mais, l'homme contemporain soutient sa croyance au prix d'un remarquable défaut d'introspection. Il ne voit pas que, malgré son raisonnement et son efficacité, il est toujours possédé par des « puissances » qui échappent à son contrôle. Ses dieux et ses démons n'ont pas du tout disparu. Ils ont simplement changé de nom. Ils le tiennent en haleine par de l'inquiétude, des appréhensions vagues, des complications psychologiques, un besoin insatiable de pilules, d'alcool, de tabac, de nourriture, et surtout par un déploiement impressionnant de névroses.

VII

L'âme de l'homme

Ce que nous appelons « la conscience de l'homme civilisé » n'a cessé de se séparer des instincts fondamentaux. Mais ces instincts n'ont pas disparu pour autant. Ils ont simplement perdu contact avec notre conscience et sont donc forcés de s'affirmer d'une manière indirecte. Ils peuvent le faire par le moyen de symptômes physiologiques, dans le cas d'une névrose, ou au moyen d'incidents divers, comme par exemple des humeurs inexplicables, des oublis inattendus, des lapsus. L'homme aime à se croire maître de son âme. Mais tant qu'il est incapable de dominer ses humeurs et ses émotions, ou de prendre conscience des multiples manières qu'ont les facteurs inconscients de s'insinuer dans ses projets et dans ses décisions, il n'est certainement pas maître de lui-même. Ces facteurs inconscients doivent leur existence à l'autonomie des archétypes. L'homme moderne masque à ses propres yeux cette scission de son être à l'aide d'un système de « compartiments ». Certains aspects de sa vie extérieure et de son comportement sont conservés, dans des tiroirs distincts, et ne sont jamais confrontés les uns aux autres.

Comme exemple de cette « psychologie des compartiments », je pourrais citer le cas d'un alcoolique tombé sous l'influence louable d'un mouvement religieux, et qui, fasciné par l'enthousiasme de ses adeptes, en avait oublié son besoin de boire. On le proclama manifestement et miraculeusement guéri par Jésus et on l'exhiba comme un témoin de la grâce divine, et de l'efficacité de ladite organisation religieuse. Mais après quelques semaines de confessions publiques, la nouveauté de la chose commença à perdre de sa force, et notre homme pensa que quelques rafraîchissements alcoolisés ne lui feraient pas de mal. C'est ainsi qu'il recommença à boire. Mais l'organisation charitable, cette fois, conclut que le cas était « pathologique », et ne se prêtait pas à une intervention divine. Donc, ils envoyèrent l'homme dans une clinique, afin que le médecin fît mieux que le divin Guérisseur.

Voilà un aspect de l'esprit « cultivé » moderne qui mérite qu'on y réfléchisse, car il montre un degré alarmant de dissociation et de confusion psychologiques.

Si nous considérons un instant l'humanité comme si elle était un seul individu, nous nous apercevons aussitôt que l'espèce humaine est comme une personne entraînée par des forces inconscientes. Et l'espèce humaine se plaît, elle aussi, à enfermer certains de ses problèmes dans des tiroirs séparés. Mais c'est précisément la raison pour laquelle nous devrions examiner avec la plus grande attention ce que nous sommes en train de faire, car l'humanité est aujourd'hui menacée par de mortels dangers, créés par elle-même, et qui cependant échappent toujours davantage à notre contrôle.

Notre monde est, pour ainsi dire, dissocié à la façon des névrotiques, le rideau de fer figurant la ligne de partage symbolique. L'homme occidental, se rendant compte de la volonté de puissance agressive de l'Est, se voit obligé de prendre d'extraordinaires mesures de défense. Mais en même temps, il se flatte de sa vertu, et de ses bonnes intentions. Ce qu'il ne voit pas c'est que ce sont ses propres vices, qu'il a dissimulés sous le masque des bonnes manières sur le plan international, que le monde communiste lui renvoie, sans vergogne, et méthodiquement, en pleine figure. Ce que l'Ouest a toléré, mais en secret, avec un léger sentiment de honte, (c'est-à-dire le mensonge diplomatique, la duperie systématique, les menaces voilées) lui est aujourd'hui servi ouvertement, et avec prodigalité, par l'Est, provoquant en nous des « nœuds » névrotiques. C'est le visage grimaçant de sa propre « ombre »[1] mauvaise, que l'homme occidental voit grimacer de l'autre côté du rideau de fer.

---

1. « Le mot ombre a deux sens : tantôt il désigne le psychisme obscur, tantôt la somme des défauts du moi. » Dr Roland Cahen.

Et cet état de choses explique l'étrange sentiment d'impuissance dont souffrent tant de gens
dans les sociétés occidentales. Ils ont commencé à
comprendre que les difficultés auxquelles ils se
heurtent, proviennent de problèmes moraux, et
que les tentatives d'y répondre par une accumula-
tion d'armes nucléaires ou par la « compétition »
économique, a peu d'effet, car elle est à double
tranchant. Beaucoup d'entre nous comprennent
aujourd'hui que les remèdes moraux et intellectuels seraient plus efficaces, puisqu'ils nous donneraient une immunité psychique contre une
contagion qui ne cesse de s'aggraver.

Tout ce que nous avons entrepris jusqu'alors a
eu remarquablement peu de résultats, et il conti-
nuera à en être ainsi tant que nous essaierons de
nous convaincre nous-mêmes, et de convaincre le
monde, que ce sont seulement *eux* (c'est-à-dire, nos
adversaires) qui ont tort. Il vaudrait beaucoup
mieux faire un effort sincère pour reconnaître
dans l'autre notre propre « ombre », et son action
néfaste. Si nous pouvions voir cette ombre (le côté
ténébreux de notre nature), nous serions immuni-
sés contre toute contagion intellectuelle et morale.
Dans l'état actuel des choses, nous ouvrons nous-
mêmes la porte à la contagion parce que, pratiquement, nous faisons les mêmes choses qu'*eux*.
Mais nous sommes affligés du désavantage supplémentaire de ne pas voir, et de ne pas vouloir

comprendre ce que nous faisons sous le couvert des bonnes manières.

Le monde communiste, on le remarquera, possède un grand mythe (que nous baptisons illusion, dans l'espoir que notre supériorité de jugement l'anéantira). Ce mythe, c'est le rêve archétypique, sanctifié par un espoir millénaire, de l'Age d'Or (ou Paradis), dans lequel chacun aura de tout en abondance, et où un grand chef, juste et sage, régnera sur un jardin d'enfants. Cet archétype puissant s'est emparé du monde communiste sous sa forme la plus puérile, mais il ne disparaîtra pas du monde parce que nous lui opposerons la supériorité de notre point de vue. Nous aussi, nous l'alimentons par notre propre puérilité, car la civilisation occidentale se trouve sous l'emprise de la même mythologie. Inconsciemment, nous nourrissons les mêmes préjugés, les mêmes espoirs et la même attente. Nous croyons aussi à l'Etat Providence, à la paix universelle, à l'égalité de tous les hommes, à nos droits éternels, à la justice, à la vérité, et (mais ne le disons pas trop haut) au Royaume de Dieu sur Terre.

La triste vérité est que la vie réelle de l'homme est faite d'un ensemble inexorable de contraires, le jour et la nuit, la naissance et la mort, le bonheur et la souffrance, le bien et le mal.

Nous n'avons même pas la certitude qu'un jour l'un de ces contraires triomphera de l'autre, le bien du mal, ou la joie de la douleur. La vie est un champ de bataille. Elle l'a toujours été et le restera toujours. S'il n'en était pas ainsi, la vie s'interrompait.

C'est précisément ce conflit à l'intérieur de l'homme qui a amené les premiers chrétiens à espérer une fin rapide du monde, et les bouddhistes à rejeter tous les désirs, toutes les aspirations terrestres. Ces réponses fondamentales équivaudraient franchement à un suicide, si elles n'étaient pas associées à des idées et à des pratiques morales et intellectuelles particulières, qui constituent la substance même des deux religions, et modifient dans une certaine mesure leur refus radical du monde.

J'insiste sur ce point, car à notre époque, des millions de gens ne croient plus en aucune religion. Ils ne comprennent plus la leur. Et tant que tout va bien sans religion, ils n'en sentent même pas la perte. Mais sitôt que la souffrance surgit, tout change. Les gens commencent à chercher une issue, à réfléchir sur le sens de la vie, et sur les expériences déroutantes qu'elle propose.

Il est significatif que le psychanalyste (d'après mon expérience) se voit consulté plus fréquemment par des juifs ou des protestants que par des catholiques. Ceci est naturel, car l'Église catholique se préoccupe encore de la *cura animarum*, (du bien-être des âmes). Mais en notre âge scientifique il arrive que l'on pose au psychiatre des questions qui ont été autrefois du domaine des théologiens.

Les gens ont l'impression que leur condition serait très différente si seulement ils pouvaient se convaincre positivement que la vie a un sens, ou croire en Dieu et en l'immortalité. Le spectre d'une mort proche aiguise souvent de telles pensées. Depuis des temps immémoriaux, les hommes ont spéculé à propos d'un Être Suprême (un ou multiple) et d'un au-delà de ce monde. Ce n'est qu'aujourd'hui qu'ils croient pouvoir se passer de ces idées.

Les gens supposent que de telles idées ne sont « pas vraies », simplement parce que nous ne pouvons pas découvrir le trône de Dieu avec un radiotélescope, ou établir d'une manière certaine qu'un père ou une mère bien-aimés existent encore dans l'au-delà sous une forme plus ou moins corporelle. Je dirais plutôt que ces idées ne sont pas *suffisamment vraies*, car elles font partie des croyances de l'être humain depuis les temps préhistoriques, et resurgissent dans notre conscience à la moindre provocation.

L'homme moderne peut affirmer qu'il est capable de s'en passer, et justifie cette opinion en faisant remarquer qu'il n'y a pas de preuve scientifique de leur vérité. A d'autres moments, il peut aller jusqu'à déplorer la perte de ses croyances. Mais puisqu'il s'agit d'invisible et d'inconnaissable (car Dieu échappe à l'entendement humain, et il n'y a aucun moyen de prouver l'immortalité), pourquoi nous préoccuper de preuves ? Même si notre raison ne confirmait pas notre besoin de sel dans les aliments, nous ne tirerions pas moins profit de son usage. Même si l'on objectait que l'usage du sel flatte une simple illusion du goût, ou résulte d'une superstition, il n'en continuerait pas moins à contribuer à notre bien-être. Pourquoi nous priver de croyances qui nous soutiendraient dans les moments de crises, et donneraient un sens à notre vie ? Et qu'est-ce qui nous permet d'affirmer que de telles idées ne sont pas vraies ? Beaucoup de gens m'approuveraient si je déclarais sans ambages que ces idées sont probablement des illusions. Ce dont ils ne se rendent pas compte, c'est qu'une telle déclaration est tout aussi impossible à « prouver » que l'affirmation contraire. Nous sommes totalement libres de choisir notre point de vue : de toute façon la décision sera arbitraire.

Il y a pourtant un argument empirique de poids qui nous pousse à nourrir des idées qui ne peuvent être prouvées. C'est qu'elles sont reconnues comme utiles. L'homme a un besoin réel d'idées générales et de convictions qui donnent un sens à sa vie, et lui permettent de se trouver une place dans l'univers. Il peut supporter des épreuves à peine croyables s'il pense qu'elles ont un sens. Mais il s'effondre lorsqu'à ses malheurs il lui faut ajouter celui de participer à « une histoire contée par un idiot ».

Le rôle des symboles religieux est de donner un sens à la vie de l'homme. Les Indiens Pueblos se croient les fils du Père Soleil, et cette croyance confère à leur vie une dimension (et un but) qui dépasse de beaucoup leur existente limitée. Leur personnalité trouve en elle suffisamment d'espace pour s'épanouir, et ils peuvent ainsi atteindre à la plénitude de l'existence personnelle. Leur sort est infiniment plus satisfaisant que celui de l'homme de notre propre civilisation qui sait qu'il est (et restera) un moins que rien, dont la vie n'a pas de sens spirituel.

C'est ce sentiment que la vie a un sens plus vaste que la simple existence individuelle qui permet à l'homme de s'élever au-dessus du mécanisme qui le réduit à gagner et à dépenser. Si ce sentiment lui fait défaut, il est perdu, misérable. Si saint Paul avait été convaincu qu'il n'était rien de plus qu'un tisserand ambulant, il ne serait certainement pas devenu l'homme qu'il a été. Sa vie réelle, celle qui avait un sens, résidait dans la certitude intérieure qu'il était le messager du Seigneur. On peut l'accuser de mégalomanie, mais cette opinion n'a guère de poids devant le témoignage de l'Histoire, et le jugement des générations ultérieures. Le mythe qui s'est emparé de lui en a fait quelque chose de plus grand qu'un simple artisan.

Un tel mythe, toutefois, est fait de symboles qui n'ont pas été inventés consciemment. Tel un événement, ils sont « arrivés ». Ce n'est pas l'homme Jésus qui a créé le mythe de l'homme-dieu. Ce mythe existait bien des siècles avant sa naissance. Il a été lui-même saisi par cette idée symbolique,

qui, comme nous le dit saint Marc, l'éleva au-delà
de l'existence étroite du charpentier nazaréen.

Les mythes remontent au conteur primitif et
à ses rêves, aux émotions que leurs imaginations
ont provoquées chez les auditeurs. Ces conteurs
n'étaient pas très différents de ceux que l'on a plus
tard appelés des poètes ou des philosophes. Le
conteur primitif ne s'interrogeait pas sur l'origine
de ses imaginations. Ce n'est que bien plus tard
que les gens ont commencé à se demander comment le conte avait pris naissance. Néanmoins,
dans ce que nous appelons aujourd'hui « l'ancienne » Grèce, il y avait déjà des esprits assez
évolués pour croire que les histoires de la vie des
dieux n'étaient que la narration exagérée de la vie
réelle de rois et de chefs depuis longtemps enterrés, transmise par une tradition archaïque. Déjà à
cette époque, les hommes étaient d'avis que le
mythe était par trop « invraisemblable » pour pouvoir être interprété selon sa signification apparente. Ils ont donc essayé de le ramener à une
forme accessible à tous. A une époque plus récente,
nous avons vu le même phénomène se reproduire
à propos du symbolisme des rêves. Nous nous
sommes rendu compte, alors que la psychologie en
était encore à ses débuts, que les rêves avaient de
l'importance. Mais tout comme les Grecs ont fini
par croire que leurs mythes n'étaient qu'une dé-
formation de l'histoire « normale », rationnelle,
quelques-uns des pionniers de la psychologie sont

arrivés à la conclusion que les rêves ne signifiaient pas ce qu'ils paraissaient signifier. Les images et les symboles qui y figuraient furent réduits au rang de formes bizarres prises par les contenus refoulés de la psyché pour apparaître à la conscience. On considérera donc comme acquis que le rêve avait une signification différente de son contenu apparent.

J'ai déjà dit comment j'avais été amené à rejeter cette idée, désaccord qui m'incita à étudier la forme, tout autant que le contenu des rêves. Pourquoi devraient-ils signifier autre chose que leur contenu ? Y a-t-il dans la nature une chose qui soit autre chose que ce qu'elle est ? Le rêve est un phénomène normal et naturel. Le Talmud même dit : « Le rêve est sa propre interprétation. » La confusion naît de ce que le contenu du rêve est symbolique, et a donc plus d'un sens. Mais si les symboles indiquent des directions différentes de celles qu'emprunte habituellement notre esprit conscient, ils renvoient par conséquent à quelque chose qui est soit inconscient, soit seulement partiellement conscient.

Pour l'esprit scientifique, des phénomènes comme les idées symboliques sont gênants, parce qu'on ne peut pas les formuler d'une façon qui soit satisfaisante pour notre intellect et notre logique. Mais elles ne sont pas le seul problème de ce genre en psychologie. La difficulté commence déjà avec le phénomène des « affects », ou émotions, qui échappent à tous les efforts que fait le psychologue pour les enfermer dans une définition définitive. L'origine de la difficulté est la même dans les deux cas : c'est l'intervention de l'inconscient.

Je connais suffisamment le point de vue scientifique pour comprendre qu'il est très irritant d'avoir à s'occuper de faits qu'on ne peut pas saisir complètement, ou convenablement. L'ennui dans ce cas est que les faits sont indéniables, mais qu'ils ne peuvent cependant pas être formulés en termes intellectuels. Pour les formuler, il faudrait pouvoir comprendre la vie elle-même, car c'est la vie qui engendre les émotions et les idées symboliques.

Le psychologue classique est parfaitement libre de refuser de prendre en considération le phénomène de l'émotion, ou le concept de l'inconscient. Ils n'en restent pas moins des faits auxquels le praticien, lui, est obligé de prêter attention. Car les conflits affectifs et l'intervention de l'inconscient sont les accompagnements constants de sa démarche scientifique. S'il veut soigner un malade, il se heurte à ces phénomènes irrationnels comme à des faits résistants, sans égards pour sa capacité à les formuler en termes intellectuels. Il est donc tout à fait naturel que ceux qui n'ont eu aucune expérience de la pratique médicale en psychologie éprouvent des difficultés à comprendre ce qui se passe sitôt que la psychologie cesse d'être une recherche poursuivie par le savant, dans la tranquillité du laboratoire et participe activement à l'aventure de la vie réelle. Des exercices de tir à la cible n'ont rien de commun avec ce qui se passe sur un champ de bataille ; le médecin doit soigner les accidents d'une vraie guerre. Il doit s'occuper des réalités psychiques, même s'il ne peut pas les incorporer dans une définition scientifique. Et c'est pourquoi aucun manuel ne peut enseigner la psychologie. On ne l'apprend que par l'expérience concrète. Nous pouvons le comprendre clairement en examinant certains symboles bien connus.

Dans la religion chrétienne, par exemple, la croix est un symbole chargé de sens qui exprime une multitude d'aspects, d'idées et d'émotions ; tandis qu'une croix inscrite à la suite d'un nom sur une liste indique simplement que l'individu est mort. Le phallus est un symbole universel dans la religion hindoue, mais si un gamin dans la rue en dessine un sur un mur, ce n'est plus qu'un signe de l'intérêt qu'il prend à son pénis. Du fait que les fantasmes de l'enfance et de l'adolescence continuent souvent de hanter longtemps les adultes, beaucoup de rêves contiennent des allusions qui sont indiscutablement sexuelles. Il serait absurde de les comprendre autrement. Mais lorsqu'un électricien parle d'enfoncer des fiches (mâles) dans des prises (femelles), il serait risible d'en déduire qu'il se livre aux excitants fantasmes de l'adolescence. Il ne fait qu'employer des termes de métier colorés et descriptifs. Quand un Hindou cultivé parle du Lingam (le phallus qui représente le dieu Siva dans la mythologie hindoue), nous l'entendrons évoquer des choses que nous n'aurions jamais l'idée d'associer au pénis. Le lingam n'est certainement pas une allusion obscène ; ni la croix le simple signe d'une mort. Tout ici, dépend de la maturité du rêveur qui produit une telle image.

L'interprétation des rêves et des symboles exige de l'intelligence. On ne peut pas la transformer en système mécanique dont l'on pourrait ensuite farcir la tête d'individus dénués d'imagination. Cette interprétation exige, à la fois une connaissance croissante de l'individualité du rêveur, et pour l'interprète une conscience croissante de sa propre individualité. Aucun praticien expérimenté ne contestera qu'il y a des règles empiriques qui peuvent se montrer utiles, mais qu'il faut les appliquer avec prudence et intelligence. On peut suivre toutes les règles qui sont justes en théorie, et cependant s'embourber au milieu des plus consternantes absurdités, pour avoir simplement laissé passer un détail apparemment insignifiant dont une intelligence plus vive eût aussitôt saisi l'importance. Toutefois, même un homme très intelligent peut s'égarer gravement par manque d'intuition, ou de sensibilité.

Quand nous nous efforçons de comprendre des symboles, nous avons chaque fois affaire non seulement au symbole lui-même, mais à la totalité de la personne qui produit ces symboles. Cela implique que l'on explore son univers culturel, et ce

faisant, on comble bien des lacunes de son éducation propre. Je me suis fait une règle de considérer
chaque cas comme un problème sans précédent,
dont j'ignore tout. La routine peut être commode
et utile tant qu'on reste à la surface des choses,
mais dès que l'on touche aux problèmes importants, c'est la vie qui mène le jeu, et les plus bril-
lants présupposés théoriques ne sont que mots
inefficaces.

L'imagination et l'intuition sont indispensables à
notre compréhension. Bien que, selon une opinion
populaire, elles soient surtout précieuses pour les
poètes et les artistes (et que, dans les affaires raisonnables, il ne faille pas s'y fier), ces qualités sont
en réalité tout aussi indispensables aux échelons
supérieurs de la science. Elles y jouent un rôle
d'une importance croissante qui complète celui de
l'intelligence « rationnelle » et de son application à
un problème particulier. Même la physique, la plus
rigoureuse des sciences appliquées, dépend à un
point étonnant de l'intuition, qui agit par l'inconscient (bien qu'il soit possible, après coup, de re-
constituer le processus logique qui eût conduit au
même résultat que l'intuition).

L'intuition est presque essentielle dans l'interprétation des symboles, et l'on peut souvent obtenir, grâce à elle, qu'ils soient immédiatement compris du rêveur. Mais si cette heureuse inspiration
peut être subjectivement convaincante, elle peut
aussi être dangereuse. Elle risque facilement de

mener à un sentiment de sécurité illusoire. Elle peut, par exemple, inciter l'analyste et son rêveur à prolonger le cours agréable et facile de leurs rapports jusqu'à sombrer l'un et l'autre dans une sorte de rêve mutuel. La base sûre d'une véritable connaissance intellectuelle et d'une compréhension morale authentique, se perd, si l'on se contente de la satisfaction vague d'avoir compris par « inspiration ». On ne peut expliquer et connaître qu'une fois que l'on a réduit les intuitions à une connaissance exacte des faits et de leurs liens logiques.

Un chercheur honnête admettra qu'une telle réduction n'est pas toujours possible ; mais il serait malhonnête de n'en pas garder la nécessité constamment à l'esprit. Même un savant est un être humain. Donc il est naturel que, comme les autres, il déteste ce qu'il ne peut expliquer. C'est une illusion commune de croire que ce nous connaissons aujourd'hui représente tout ce que nous pourrons jamais connaître. Rien n'est plus vulnérable qu'une théorie scientifique, car elle n'est qu'une tentative éphémère pour expliquer des faits, et non pas une vérité éternelle en soi.

VIII

Le rôle des symboles

Quand le psychanalyste s'intéresse aux symboles, il s'occupe avant tout des symboles « naturels »,
par opposition aux symboles « culturels ». Les premiers viennent des contenus inconscients de la
psyché, et représentent par conséquent un nombre
considérable de variations des images archétypales
fondamentales. Dans de nombreux cas toutefois,
on peut remonter jusqu'à leurs racines archaïques,
c'est-à-dire aux idées et aux images que nous trouvons dans les plus anciens témoignages, et dans les
sociétés primitives. Les symboles culturels, d'autre
part, sont ceux qui ont été utilisés pour exprimer
des « vérités éternelles », et sont encore en usage
dans beaucoup de religions. Ils ont subi de multiples transformations, et même un processus d'élaboration plus ou moins conscient, et sont devenus
ainsi des images collectives acceptées par les sociétés civilisées.

Ces symboles culturels néanmoins, gardent une

grande part de leur caractère numineux originel ou « charme ». On sait qu'ils peuvent provoquer chez certains individus une réaction affective très profonde, et cette charge psychique les fait fonctionner à peu près comme les préjugés. Ils sont un facteur dont le psychologue doit tenir compte. Il serait stupide de les rejeter simplement parce qu'à les considérer d'un point de vue rationnel, ils semblent absurdes ou étrangers au problème. Ils sont un élément important de notre structure mentale, et jouent un rôle vital dans l'édification des sociétés humaines. On ne peut les arracher sans perte grave. Là où ils sont refoulés ou négligés, leur énergie spécifique disparaît dans l'inconscient, avec des conséquences incalculables. Car l'énergie psychique qui semblait avoir été ainsi perdue sert en fait à réveiller ou intensifier ce qui domine dans l'inconscient, des tendances qui n'avaient peut-être jusqu'ici jamais eu de possibilités de s'exprimer ou du moins, n'auraient jamais été autorisées à mener une existence non inhibée, dans notre conscience. Ces tendances forment pour notre esprit conscient une « ombre » toujours présente, et virtuellement destructrice. Même des tendances qui peuvent, en certaines circonstances, avoir une influence bénéfique, se transforment en démons sitôt refoulées. C'est pourquoi les gens bien-pensants ont une peur compréhensible de l'inconscient, et accessoirement, de la psychologie.

Notre siècle nous a permis de mesurer ce qui

arrive lorsque s'ouvrent les portes de ce monde souterrain.

Des événements, si énormes que personne, dans les années d'innocence idyllique qui ont marqué le début de notre siècle n'aurait pu les imaginer, se sont produits et ont bouleversé notre univers. Et depuis, le monde est resté affligé de schizophrénie. Non seulement l'Allemagne civilisée a vomi au grand jour la primitivité effroyable qu'elle portait en elle, mais cette même primitivité gouverne la Russie, et l'Afrique a pris feu. Il n'est pas étonnant que le monde occidental se sente inquiet.

L'homme moderne ne comprend pas à quel point son « rationalisme » (qui a détruit sa faculté de réagir à des symboles et à des idées lumineux) l'a mis à la merci de ce monde psychique souterrain. Il s'est libéré de la « superstition » (du moins il le croit) mais ce faisant, il a perdu ses valeurs spirituelles à un degré alarmant. Ses traditions morales et spirituelles se sont désintégrées, et il paie cet effondrement d'un désarroi et d'une dissociation qui sévissent dans le monde entier.

Les anthropologues ont souvent décrit ce qui se produit lorsque les valeurs spirituelles d'une société primitive sont exposées au choc de la civilisation moderne. Les membres de cette société perdent de vue le sens de leur vie, leur organisation sociale se désintègre et les individus eux-mêmes se décomposent moralement. Nous nous trouvons actuellement dans la même situation.

Mais nous n'avons jamais véritablement compris
la nature de notre perte, car nos guides sur le plan
spirituel se sont préoccupés davantage de protéger
les institutions religieuses que de comprendre le
mystère que représentent les symboles de la religion. A mon avis, la foi n'exclut nullement la réflexion (l'arme la plus efficace de l'homme) ; mais
malheureusement, de nombreux croyants semblent avoir une telle peur de la science (et, dans le
cas présent, de la psychologie), qu'ils demeurent
aveugles à ces forces psychiques numineuses, qui,
depuis toujours, régissent le destin de l'homme.
Nous avons dépouillé toutes les choses de leur
mystère et de leur numinosité : plus rien n'est
sacré à nos yeux.

A une époque plus reculée, lorsque des concepts
instinctifs se frayaient encore une voie jusqu'à
l'esprit de l'homme, sa conscience pouvait assurément les intégrer en un ensemble psychique cohé-
rent. Mais l'homme « civilisé » n'est plus capable de
le faire. Sa conscience « éclairée » s'est privée des
moyens d'assimiler les contributions complémentaires des instincts et de l'inconscient. Car ces
moyens d'intégration étaient précisément les symboles numineux qu'un consentement commun te-
nait pour sacrés.

Aujourd'hui, par exemple, nous parlons de la
« matière ». Nous décrivons ses propriétés physiques. Nous menons des expériences en laboratoire
pour démontrer quelques-uns de ses aspects. Mais

le mot « matière » reste un concept purement sec, inhumain et purement intellectuel, qui n'a aucun sens psychique pour nous. Combien différente était l'image archaïque de la matière, la Grande Mère, qui pouvait embrasser et exprimer le sens affectif profond de la Terre Mère. De même, ce qui était autrefois « l'esprit » est aujourd'hui identifié avec l'intellect, cessant d'être le Père de Tout. Il s'est dégradé jusqu'à tomber dans les limites de la pensée égocentrique de l'homme ; l'immense énergie affective qui s'exprimait dans le « notre Père » se perd dans les sables d'un désert intellectuel.

Ces deux principes archétypiques sont le fondement même des systèmes opposés de l'Est et de l'Ouest. Les masses et leurs dirigeants, toutefois, ne se rendent pas compte qu'il n'y a pas grande différence entre baptiser le principe du monde d'un terme masculin, en en faisant un père (l'esprit), comme les Occidentaux et le baptiser d'un terme féminin : une mère (matière), comme le font les Communistes. Car nous ignorons tout autant l'essence de l'un que de l'autre. Autrefois, ces principes étaient honorés par toutes sortes de rites, qui du moins montraient l'importance psychique que ces principes avaient pour l'homme. Tandis qu'aujourd'hui, il ne s'agit plus que de concepts abstraits.

A mesure que la connaissance scientifique progressait, le monde s'est déshumanisé. L'homme se sent isolé dans le cosmos, car il n'est plus engagé dans la nature et a perdu sa participation affective inconsciente[1] avec ses phénomènes. Et les phénomènes naturels ont lentement perdu leurs implications symboliques. Le tonnerre n'est plus la voix irritée d'un dieu, ni l'éclair son projectile vengeur. La rivière n'abrite plus d'esprits, l'arbre n'est plus le principe de vie d'un homme, et les cavernes ne sont plus habitées par des démons. Les pierres, les plantes, les animaux ne parlent plus à l'homme et l'homme ne s'adresse plus à eux en croyant qu'ils peuvent l'entendre. Son contact avec la nature a été rompu, et avec lui a disparu l'énergie affective profonde qu'engendraient ses relations symboliques.

Les symboles de nos rêves tentent de compenser cette perte énorme. Ils nous révèlent notre nature originelle, ses instincts et sa manière particulière de penser. Malheureusement, ils expriment leur contenu dans le langage de la nature, qui est étrange et incompréhensible pour nous. Nous sommes donc obligés de traduire ce langage dans les termes et les concepts rationnels du discours moderne, qui s'est libéré de tout ce qui l'encombrait à l'époque primitive et particulièrement de la participation mystique avec les choses qu'il décrit. Aujourd'hui, lorsque nous parlons de fantômes et d'autres êtres numineux, ce n'est plus pour les évoquer. Ces mots jadis si puissants ont perdu la

---

1. Jung appelle aussi « participation inconsciente » ou identification inconsciente, ce que Lévy-Bruhl appelait participation mystique. *(N.T.)*

puissance en même temps que la gloire. Nous avons cessé de croire aux formules magiques. Il est peu de tabous ou d'autres restrictions analogues ; et notre monde est apparemment débarrassé de « superstitions » telles que « les sorcières, les magiciens, les lutins », sans parler des loups-garous, des vampires, des âmes de la brousse, et de toutes les autres créatures bizarres qui peuplaient la forêt primitive.

Plus exactement, c'est la surface de notre monde qui est nettoyée de tous les éléments superstitieux et irrationnels. Que, pourtant, notre monde intérieur (et non pas l'image complaisante que nous nous en faisons) soit, lui aussi, délivré de tout caractère primitif est plus douteux. Le chiffre treize n'est-il pas tabou pour beaucoup de gens ? Et combien d'individus sont prisonniers de préjugés irrationnels, de projections, d'illusions puériles ? A considérer l'esprit humain avec réalisme, on s'aperçoit qu'il subsiste beaucoup de ces traits et de ces survivances primitifs, qui jouent encore leur rôle comme si rien ne s'était passé depuis cinq cents ans.

Il est essentiel de le comprendre : l'homme moderne est en fait un curieux mélange de caractères acquis au long d'une évolution mentale millénaire. Et c'est de cet être mêlé, de cet homme et de ses symboles, qu'il nous faut nous occuper, et dont il faut examiner la vie mentale avec la plus grande attention. Le scepticisme et la conviction scientifique coexistent chez lui avec des préjugés démodés, des manières de penser et de sentir dépassés, des contresens obstinés, une ignorance aveugle.

Voilà les êtres humains qui, aujourd'hui, engendrent les symboles que nous, psychologues, nous étudions. Afin d'expliquer ces symboles et leur sens, il est indispensable d'établir si leur expression renvoie à une expérience purement personnelle ou si elle a été choisie par le rêve, dans un propos particulier, parmi le fonds du savoir de la conscience collective.

Prenons par exemple un rêve où figure le chiffre 13. La question est de savoir si le rêveur croit lui-même habituellement au caractère néfaste de ce nombre, ou si le rêve fait simplement allusion aux hommes qui donnent encore dans cette superstition. Suivant la réponse, l'interprétation sera très différente. Dans le premier cas, il faut tenir compte du fait que l'individu est encore sous le charme de ce 13 néfaste, et donc qu'il se sentira très mal à l'aise dans une chambre d'hôtel portant le numéro 13, ou dans un dîner où l'on est treize à table. Dans le deuxième cas, le 13 n'équivaut peut-être qu'à une remarque désobligeante ou injurieuse. Le rêveur « superstitieux » sent encore le « charme » du 13. Le rêveur plus « rationnel » a dépouillé le chiffre de sa tonalité affective originelle.

Cet exemple montre la façon dont les archétypes

se manifestent dans l'expérience pratique. Ils sont à la fois des images et des émotions. L'on ne peut parler d'archétypes que lorsque ces deux aspects se présentent simultanément. Quand il ne s'agit que d'une image, elle équivaut à une description de peu de conséquence. Mais lorsqu'elle se charge d'affectivité, l'image acquiert de la numinosité (ou de l'énergie psychique). Elle devient dynamique, et entraîne nécessairement des conséquences.

Je me rends compte qu'il est difficile de saisir ce concept car j'essaie de décrire avec des mots quelque chose qui, par nature, n'est pas susceptible d'une définition précise. Mais puisque tant de gens prétendent considérer les archétypes comme s'ils faisaient partie d'un système mécanique que l'on pourrait apprendre par cœur, il est essentiel de souligner que ce ne sont pas seulement des mots, ni même des concepts philosophiques. Ce sont des fragments de la vie même, des images qui font partie intégrante d'un individu vivant et ceci par le truchement des émotions. C'est pourquoi il est impossible de donner une interprétation arbitraire (ou universelle) d'un archétype. Il faut l'expliquer conformément à la situation psychologique totale de l'individu particulier qui l'utilise.

Par exemple, dans le cas d'un chrétien fervent, le symbole de la croix ne peut être interprété que dans son contexte chrétien, à moins que le rêve ne fournisse une raison vraiment sérieuse de chercher son sens au-delà. Même dans ce cas, il faut garder son sens chrétien particulier présent à l'esprit. Mais il n'est pas possible de dire qu'en tout temps et en toutes circonstances, le symbole de la croix a le même sens. S'il en était ainsi, il perdrait sa numinosité, toute sa vitalité, pour redevenir un simple mot.

Ceux qui ne se rendent pas compte de la tonalité affective particulière de l'archétype ne se retrouveront qu'avec un amas de concepts mythologiques, que l'on peut sans doute assembler de façon à montrer que tout a un sens, mais aussi que rien n'en a. Les cadavres sont tous chimiquement identiques, mais les individus vivants ne le sont pas. Les archétypes ne se mettent à vivre que lorsqu'on s'efforce patiemment de découvrir pourquoi et comment ils ont un sens pour tel individu vivant.

Les mots deviennent futiles lorsqu'on ignore ce qu'ils représentent. C'est particulièrement vrai en psychologie, où nous parlons quotidiennement des archétypes, tout comme nous parlons de l'anima et de l'animus, de la Grande Mère, etc. On peut tout savoir des saints, des sages, des prophètes, des déesses mères adorées à travers le monde : tant qu'on les considère comme de simples images, dont on n'a jamais éprouvé le pouvoir numineux, on parle comme en rêve sans savoir de quoi l'on parle. Les mots que l'on utilisera seront vides et sans valeur. Ils ne naissent à la vie que si l'on s'efforce de tenir compte de leur numinosité, c'est-à-dire de leur relation à l'individu vivant. C'est seulement à ce moment-là qu'on commence à comprendre que la dénomination des archétypes est peu de chose, et que tout dépend de la manière dont ils sont *reliés* à vous.

La fonction créatrice des symboles oniriques tente donc de réintroduire l'esprit originel de l'homme dans une conscience « éclairée » ou avancée, où il ne s'était jamais trouvé auparavant et où, par conséquent, il n'avait jamais été soumis à une réflexion critique. Car, dans un passé très lointain, cet esprit originel que nous venons d'évoquer constituait la totalité de la personnalité de l'homme. Au fur et à mesure que la conscience s'est développée, elle a perdu contact avec une partie croissante de cette énergie psychique primitive. En sorte que l'activité mentale consciente n'a jamais connu cette activité mentale originelle, car elle a disparu dans le processus même de constitution de cette conscience différenciée qui seule pouvait parvenir à la réfléchir. Mais il semble que ce que nous appelons l'inconscient ait conservé les caractéristiques qui appartenaient à l'esprit humain originel. C'est à ces caractéristiques que se réfèrent constamment les symboles oniriques, comme si l'inconscient cherchait à ressusciter tout ce dont l'esprit s'est libéré au cours de son évolution, les illusions, les fantasmes, les formes de pensées archaïques, les instincts fondamentaux, etc.

C'est ce qui explique la résistance et même la

peur que les gens éprouvent souvent en touchant à ce qui concerne l'inconscient. Car il ne s'agit pas de survivances qui seraient neutres ou indifférentes. Au contraire, elles sont si chargées d'énergie que très souvent elles provoquent plus que du malaise. Elles peuvent provoquer une peur très réelle. Et plus elles sont refoulées, plus leur empire s'étend sur la personnalité entière sous forme de névrose.

C'est l'énergie psychique qui leur donne une importance si grande. Tout se passe comme si un homme, après avoir traversé une période d'inconscience, se rendait subitement compte qu'il y a un trou dans sa mémoire, et que des événements importants ont dû se produire, dont il n'est pas capable de se souvenir. Dans la mesure où il croit que la psyché ne concerne que l'individu (et c'est la croyance générale) cet homme s'efforcera de retrouver ses souvenirs d'enfance apparemment perdus. Mais ces trous dans ses souvenirs d'enfant ne sont que les symptômes d'une perte beaucoup plus grande, celle de la psyché primitive.

Comme l'évolution de l'embryon retrace les étapes de la préhistoire, l'esprit traverse lui aussi une série de stades préhistoriques. La principale tâche des rêves est de rappeler à notre souvenir, cette préhistoire, et le monde de l'enfance, jusqu'au niveau des instincts les plus primitifs. Ce rappel peut avoir, comme Freud l'a remarqué il y a longtemps, un effet thérapeutique remarquable. Cette observation confirme le point de vue selon lequel les lacunes dans les souvenirs d'enfance (une prétendue amnésie) représentent une perte affective, et la remémoration un accroissement de vie et de bien-être.

Du fait que l'enfant est petit, que ses pensées conscientes sont rares et simples, nous ne comprenons pas que les complications de la mentalité enfantine, et leur ampleur, proviennent de son identité originelle avec la psyché préhistorique. Cet esprit originel est tout aussi présent, tout aussi actif dans l'enfant, que les stades de l'évolution physiologique de l'humanité le sont dans son embryon. Si le lecteur se souvient de ce que j'ai dit plus haut à propos des rêves remarquables que la petite fille avait offerts à son père, il comprendra ce que je veux dire.

On trouve, dans l'amnésie infantile, d'étranges fragments mythologiques qui se manifestent souvent aussi dans des psychoses ultérieures. Des images de cette sorte ont un caractère hautement numineux, et sont donc très importantes. Si de tels souvenirs réapparaissent dans la vie adulte, ils peuvent dans certains cas provoquer des troubles psychologiques profonds, alors que chez d'autres personnes au contraire, elles provoqueront une guérison miraculeuse, ou une conversion religieuse. Très souvent, ils font renaître à la mémoire une tranche de vie, disparue depuis longtemps, qui donne un sens à l'existence, et enrichit la vie de l'individu. La remémoration de souvenirs d'enfance, et la reproduction de comportements psychiques archétypaux, peut créer un horizon plus large, et agrandir le champ de la conscience, à condition toutefois que la conscience réussisse à assimiler et à intégrer les contenus perdus et retrouvés. Comme ces contenus ne sont pas neutres, leur assimilation modifiera la personnalité et réciproquement, les contenus subiront des changements. A ce stade ce qu'on appelle le « processus d'individuation », l'interprétation des symboles joue un rôle important du point de vue pratique. Car les symboles sont des tentatives naturelles pour réconcilier et réunir les contraires dans la psyché.

Bien entendu, si l'on se contente de regarder les symboles, puis de les écarter, ils n'ont aucun effet, l'ancien état névrotique se rétablit, et la tentative de synthèse n'aboutit pas. Malheureusement, les rares personnes qui ne nient pas jusqu'à l'existence des archétypes les considèrent presque invariablement comme de simples mots, et oublient leur réalité vivante. Une fois que leur numinosité a été ainsi (illégitimement) bannie, un processus de substitution illimitée s'établit, autrement dit, on se laisse glisser d'un archétype à l'autre, tout signifiant tout. Il est vrai que dans une très grande mesure, les formes des archétypes sont interchangeables. Mais la numinosité particulière de chacun d'eux reste un fait, et constitue sa valeur lorsqu'il se présente à l'esprit d'un individu.

Il faut garder cette valeur affective présente à l'esprit, et en tenir compte pendant tout le processus intellectuel d'interprétation des rêves. On ne perd que trop facilement contact avec elle, car penser et sentir sont deux opérations si diamétralement opposées que l'une exclut presque automatiquement les valeurs de l'autre et vice versa. La psychologie est la seule science qui doit tenir compte de la valeur (c'est-à-dire du sentiment) parce que c'est le lien entre les faits psychiques et la vie. C'est pourquoi elle est souvent accusée de n'être pas scientifique. Ce que ses critiques ne comprennent pas, c'est la nécessité scientifique et pratique de donner au sentiment la considération qui lui est due.

IX

La guérison de la dissociation

Notre intellect a créé un nouveau monde fondé sur la domination de la nature, et l'a peuplé de machines monstrueuses. Ces machines sont si indubitablement utiles que nous ne voyons pas la possibilité de nous en débarrasser, ni d'échapper à la sujétion qu'elles nous imposent. L'homme ne peut s'empêcher de suivre les sollicitations aventureuses de son esprit scientifique et inventif et de se féliciter de l'ampleur de ses conquêtes. Cependant, son génie montre une tendance inquiétante à inventer des choses de plus en plus dangereuses qui constituent des instruments toujours plus efficaces de suicide collectif.

L'homme, devant l'avalanche rapidement croissante des naissances, cherche les moyens d'arrêter le déferlement démographique. Mais il se pourrait que la nature prévienne ses efforts en tournant contre lui ses propres créations. La bombe H arrêterait efficacement la surpopulation. Malgré l'orgueilleuse prétention que nous avons de dominer la nature, nous sommes encore ses victimes, parce que nous n'avons pas encore appris à nous dominer nous-mêmes. Lentement, mais sûrement, nous approchons du désastre.

Il n'y a plus de dieux que nous puissions invoquer pour nous aider. Les grandes religions du monde souffrent d'une anémie croissante, parce que les divinités secourables ont déserté les bois, les rivières, les montagnes, les animaux, et que les hommes-dieux se sont terrés dans notre inconscient. Nous nous berçons de l'illusion qu'ils y mènent une vie ignominieuse parmi les reliques de notre passé. Notre vie présente est dominée par la déesse Raison, qui est notre illusion la plus grande et la plus tragique.

C'est grâce à elle que nous avons « vaincu la nature ».

Mais ceci n'est qu'un slogan, car cette prétendue victoire remportée sur la nature fait que nous sommes accablés par le phénomène naturel de la surpopulation, et ajoute à nos malheurs l'incapacité psychologique où nous sommes de prendre les accords politiques qui s'imposeraient. Nous considérons encore qu'il est naturel que les hommes se querellent, et luttent pour affirmer chacun sa supériorité sur l'autre. Comment peut-on parler de « victoire sur la nature » ?

Comme tout changement doit commencer quelque part, c'est l'individu isolé qui en aura l'intuition et le réalisera. Ce changement ne peut germer que dans l'individu, et ce peut être dans n'importe lequel d'entre nous. Personne ne peut se permettre d'attendre, en regardant autour de soi, que quelqu'un d'autre vienne accomplir ce qu'il ne veut pas faire. Malheureusement, il semble qu'aucun de nous ne sache quoi faire ; peut-être vaudrait-il la peine que chacun s'interroge, en se demandant si son inconscient ne saurait pas quelque chose qui pourrait nous être utile à tous. La conscience semble assurément incapable de nous venir en aide. L'homme, aujourd'hui, se rend douloureusement compte que ni ses grandes religions, ni ses diverses philosophies, ne paraissent lui fournir ces idées fortes et dynamiques qui lui rendraient l'assurance nécessaire pour faire face à l'état actuel du monde.

Je sais ce que diraient les bouddhistes : tout irait bien si les gens consentaient à suivre l'octuple voie [1] du *Dharma* (loi) et à apprendre à connaître véritablement le Soi. Les chrétiens nous disent que si les gens croyaient en Dieu, le monde serait meilleur. Le rationaliste déclare que si les gens étaient intelligents et raisonnables, tous les problèmes seraient solubles. L'ennui est qu'aucun rationaliste ne s'arrange jamais pour résoudre ces problèmes lui-même. Les chrétiens demandent

---

1. La dernière des « quatre vérités » du Dharma (loi bouddhique) concerne « l'octuple voie » ; celle-ci délivre l'homme de l'illusion du Soi, du désir et des passions et de la Roue des Renaissances. *(N.T.)*

souvent pourquoi Dieu ne leur parle plus, comme on croit qu'il a fait dans le passé. Quand on me pose cette question, je pense toujours à ce rabbin auquel on demandait pourquoi, alors que Dieu était si fréquemment apparu aux hommes d'autrefois, personne ne le voyait plus aujourd'hui. Le rabbin répondit : « Aujourd'hui, il n'y a plus personne qui soit capable de se courber assez bas. »

La réponse est pertinente. Nous sommes si fascinés, si absorbés, par notre conscience subjective, que nous avons oublié ce fait, de notoriété millénaire, que Dieu parle surtout dans les rêves et les visions. Le bouddhiste rejette les fantasmes produits par l'inconscient comme d'inutiles illusions. Le chrétien met l'Église et sa Bible entre lui et son inconscient. Le rationaliste ne sait pas encore que la conscience n'est pas toujours la psyché. Cette ignorance persiste bien que l'inconscient soit depuis plus de soixante-dix ans un concept scientifique indispensable à toute investigation psychologique sérieuse.

Nous ne pouvons plus nous permettre de jouer au Dieu-Tout-Puissant qui s'érige en juge des avantages et des inconvénients des phénomènes naturels. Nous ne fondons pas notre botanique sur une classification démodée en espèces utiles et nuisibles, ni notre zoologie sur une distinction naïve entre animaux dangereux et inoffensifs. Mais nous pensons encore avec complaisance que notre conscience est la raison, et que notre inconscient est la déraison. Dans toute autre science, un tel critère soulèverait des rires qui le chasseraient de la scène. Les microbes, par exemple, relèvent-ils de la raison ou de la déraison ? De quelque nature que soit l'inconscient, c'est un phénomène naturel, qui engendre des symboles dont l'expérience révèle qu'ils ont un sens. Nous ne pouvons pas nous attendre que quelqu'un qui n'a jamais regardé dans un microscope parle avec compétence des microbes. De même, quelqu'un qui ne s'est pas penché sérieusement sur l'étude des symboles naturels ne peut pas être considéré comme un juge compétent en la matière. Mais on sous-estime si généralement l'âme humaine, que ni les grandes religions, ni les philosophes, ni le rationalisme scientifique n'ont daigné approfondir son étude. En dépit du fait que l'Église catholique admette les *somnia a Deo missa* (les songes envoyés par Dieu) la plupart de ses penseurs ne font aucun effort sérieux pour comprendre les rêves. Je doute qu'il y ait un traité ou une doctrine dans lesquels un protestant se soit abaissé jusqu'à admettre que la *vox Dei* pût être perçue dans un rêve. Pourtant, si un théologien croit vraiment en Dieu, à quel titre peut-il affirmer que Dieu est incapable de s'exprimer par le truchement des rêves ?

J'ai passé plus d'un demi-siècle à étudier les symboles naturels, et je suis arrivé à la conclusion que les rêves et leurs symboles ne sont ni stupides, ni dénués de sens. Au contraire, les rêves nous procurent les connaissances les plus intéressantes, si l'on se donne la peine de comprendre leurs symboles. Les résultats de telles recherches, il est vrai, ont peu de rapports avec les problèmes de ce monde : la vente et l'achat. Mais le sens de la vie n'est pas épuisé par notre activité économique, ni le désir profond du cœur humain par la possession d'un compte en banque.

Dans une période de l'histoire humaine où toute l'énergie disponible est consacrée à l'étude de la nature, on ne fait guère attention à l'essence de l'homme, c'est-à-dire à sa psyché. Sans doute, beaucoup de recherches sont consacrées aux fonctions conscientes de l'esprit, mais les régions réellement complexes et peu familières de la psyché où germent les symboles demeurent encore pratiquement inexplorées. Il semble presque incroyable qu'avec les signaux qui nous en parviennent toutes les nuits, le déchiffrement de ces messages paraisse si ennuyeux que presque personne ne veuille s'en occuper. Le plus grand instrument de l'homme, sa psyché, jouit de peu de considération, et est souvent ouvertement traité avec méfiance ou mépris : « ce n'est que psychologique » signifie trop souvent : « ce n'est rien ».

D'où est venu ce préjugé considérable ? Nous avons manifestement été si occupés de ce que nous pensons que nous oublions complètement de nous demander ce que notre psyché inconsciente pense de nous. Les idées de Sigmund Freud ont confirmé la plupart des gens dans le mépris que leur inspire la psyché inconsciente. Avant lui, son existence était ignorée, ou négligée. Désormais, elle est devenue un dépôt à ordures morales. Ce point de vue moderne est certainement borné et injuste. Il ne s'accorde même pas avec les faits connus. Notre connaissance actuelle de l'inconscient montre qu'il est un phénomène naturel et que, comme la Nature elle-même, il est au moins *neutre*. Il contient tous les aspects de la nature humaine, la lumière et l'ombre, la beauté et la laideur, le bien et le mal, la profondeur et la sottise. L'étude du symbolisme individuel aussi bien que du symbolisme collectif, est une énorme tâche, et on ne l'a pas encore pleinement dominée. Mais l'on a enfin commencé. Les premiers résultats sont encourageants, et ils semblent annoncer une réponse — attendue jusqu'ici — à bien des problèmes qui se posent à l'humanité d'aujourd'hui.

DU MÊME AUTEUR

Aux Éditions Gallimard

LE MOI ET L'INCONSCIENT

UN MYTHE MODERNE

DIALECTIQUE DU MOI ET DE L'INCONSCIENT

MA VIE. Souvenirs, rêves et pensées.

CORRESPONDANCE AVEC SIGMUND FREUD (1906-1914)

Chez d'autres éditeurs

LA THÉORIE PSYCHANALYTIQUE. Trad. de Mme M. Schmid-Guisan, Éditions Montaigne, Paris, 1932. *Épuisé.*

L'HOMME A LA DÉCOUVERTE DE SON ÂME. Préfaces et adaptation du Dr Roland Cahen, 1943 ; 6e éd., 1962. Éditions du Mont-Blanc, Genève, et Hachette, Paris. 8e éd., Petite Bibliothèque Payot, Paris, 1966.

ASPECTS DU DRAME CONTEMPORAIN. Préface et trad. du Dr Roland Cahen, Librairie de l'Université, Genève, et Buchet-Chastel, Paris, 1948, 2e éd., 1970.

TYPES PSYCHOLOGIQUES. Préface et trad. de Yves Le Lay, Librairie de l'Université, Genève, et Buchet-Chastel, Paris, 1950. 3e éd., 1967.

PSYCHOLOGIE DE L'INCONSCIENT. Préface et trad. du Dr Roland Cahen, Librairie de l'Université, Genève, et Buchet-Chastel, Paris, 1951, 3e éd., 1972.

LA GUÉRISON PSYCHOLOGIQUE. Préface et adaptation du

Dr Roland Cahen, Librairie de l'Université, Genève, et Buchet-Chastel, Paris, 1953, 2e éd., 1970.

MÉTAMORPHOSES DE L'ÂME ET SES SYMBOLES. Préface et trad. de Yves Le Lay, Librairie de l'Université, Genève, et Buchet-Chastel, Paris, 1953, 2e éd., 1967.

INTRODUCTION A L'ESSENCE DE LA MYTHOLOGIE (avec Ch. Kerenyi). Trad. franç. de Del Medico, Payot, Paris, 1953.

L'ÉNERGÉTIQUE PSYCHIQUE. Préface et trad. de Yves Le Lay, Librairie de l'Université, Genève, et Buchet-Chastel, Paris, 1956, 2e éd., 1972.

LE FRIPON DIVIN (avec Ch. Kerenyi et P. Radin). Trad. d'Arthur Reiss. Coll. « Analyse et Synthèse », Librairie de l'Université, Genève, et Buchet-Chastel, Paris, 1958.

PSYCHOLOGIE ET RELIGION. Trad. de M. Bernson et G. Cahen, Éditions Buchet-Chastel, Paris, 1960.

UN MYTHE MODERNE. Préface et adaptation du Dr Roland Cahen, avec la collaboration de René et Françoise Baumann, Éditions Gallimard, Paris, 1960, 2e éd., 1963.

PROBLÈMES DE L'ÂME MODERNE. Trad. de Yves Le Lay, Éditions Buchet-Chastel, Paris, 1961, 2e éd., 1961.

PRÉSENT ET AVENIR. Traduit de l'allemand et annoté par le Dr Roland Cahen, avec la collaboration de René et Françoise Baumann, Éditions Buchet-Chastel, Paris, 1962, 2e éd., Denoël, Paris, 1970.

PSYCHOLOGIE ET ÉDUCATION. Trad. Yves Le Lay, Éditions Buchet-Chastel, Paris, 1963.

RÉPONSE A JOB. Trad. du Dr Roland Cahen, avec une postface de Henri Corbin, Éditions Buchet-Chastel, Paris, 1964.

L'ÂME ET LA VIE. (Texte essentiels de C. G. Jung choisis par J. Jacobi.) Trad. du Dr Roland Cahen et de Yves Le Lay, Buchet-Chastel, Paris, 1965.

MA VIE. (Souvenirs, rêves et pensées recueillis par Aniela Jaffé.) Trad.

du Dr Roland Cahen et de Yves Le Lay, Coll. « Témoins », Gallimard, Paris, 1966, 3e éd., 1970.

PSYCHOLOGIE ET ALCHIMIE. Trad. de Henry Pernet et du Dr Roland Cahen. Éditions Buchet-Chastel, Paris, 1970.

RACINES DE LA CONSCIENCE. Trad. de Yves Le Lay, Buchet-Chastel, Paris, 1971.

Impression Brodard et Taupin
à La Flèche (Sarthe),
le 5 avril 1988.
Dépôt légal : avril 1988.
Numéro d'imprimeur : 6020-5.

ISBN 2-07-032476-1 / Imprimé en France.
Précédemment publié aux Éditions Denoël
ISBN 2-282-30039-4